人類命運的演進印跡和路程

（修訂版）

徐是雄 編著

灼見名家
MASTER-INSIGHT.COM

「沒有任何力量能夠阻擋

中國人民和中華民族的前進步伐」

習近平
（2019年10月1日）

目錄

修訂版自序

我在2018年自費委託灼見名家傳媒，為我出版了《人類命運的演進印跡和路程》的樣書（sample）200本，分送給友人和一些圖書館（並沒有在任何書店出售），目的是想聽聽朋友們的意見；同時看看這樣一種內容的書，是否適合用來做香港中學或大學學生的通識教育教材或參考書。其次，我想通過寫這本書，來說明「人類命運的進化」與達爾文的生物進化論是有區別的。我認為本書的立論是超越了達爾文的生物進化論所揭示的理論範疇，而是涵蓋分析了或聚焦在跟蹤人類命運的進化所顯示和遺留下來的印跡和經過的路程以及未來的發展趨勢。而這一工作，據我所知，似乎還沒有人做過，可以說是一種完全新的嘗試和創新道路。其新穎之處在於，譬如：（1）說明人類命運的進化，與達爾文的生物進化論，所揭示的一些規律是有區別的（例如：人類有「信仰」會影響和用來規範人類命運的進化，而其他生物則沒有；人類的認知靈活性非常之強，而其他生物則很弱），但也有一些相同之處（譬如：適應能力（例如：適者生存能力）則各有千秋）；（2）我在書中所倡導或揭示的（我命名為：「人類命運進化論」，並不是達爾文生物進化論所揭示的理論的延續（extension），也不是為支撐達爾文生物進化論提供更多的證據（provide more evidences per se）；而是想指出人類命運的進化，在許多方面是與人類所形成的強而有力的大腦（brain power）的功能或能力（或其活動的結果［consequences of brain activities］）有關，而這些功能是其他生物基本沒有的（譬如：思

維的能力、綿密的邏輯推理功能、數學運算功能、語言書寫能力、文化傳承能力、創新能力等）；（3）人類是有獨特能力（例如：意志力［will power］、智能理性、實踐理性等），可以操控自己命運的進化的方向以及要達到之目的，而這種獨特的能力，在其他生物是不具備或不發達或完全不存在的；（4）人類的情感意識和時空關係很複雜，可以產生及需要許多心理上和情感上的需求，而這些在其他動物似乎並不明顯或強烈；（5）人類作為一種群居動物，其行為也非常之的複雜，有好的一面（例如：能高度分工合作、互相包容），但也有壞的一面（例如：自私自利、群體暴力）。最後我想指出的是，這次的修訂，我就每一章都作出了一些修改和內容方面的補充，還新增添了第8章及第9章，希望這樣可以進一步全面地增强《人類命運的演進印跡和路程》的「完整性」（comprehensiveness）。

徐是雄
2020年3月

初版前言

2017年8月我和妻子到歐美兩地探親，15日途經德國法蘭克福飛機場等候轉機回香港，為了打發時間沿着機場的商鋪參觀遊覽，順路走進了一家書店，想尋找一本美國一位友人介紹的名為：*The Second Machine Age* 的英文書，帶上飛機閱讀。在店內翻閱置放在幾個小桌上的暢銷書時，發現其中非常吸引我眼球的名為 *Sapiens - A Brief History of Humankind* 的暢銷書，馬上拿起來閱讀了一下書的介紹，並粗略瀏覽了各章節的首頁，內容令我雀躍萬分。這就是我計劃要想寫的這樣一本具有類似思路、立論、方法和內容的書的緣由。

書買回來後，不到幾天很快便把書看完，對於作者（中文譯名——哈拉瑞）在書中所提出的許多論點和看法，對我在思想上有很大的衝擊和啟發；但我更注意到作者在一些論證和分析問題方面存有錯誤，因此思路出現混亂及誤判。這可能因為他是一位歷史學家而非生物學家，使他在分析有關問題時和在立論上容易犯錯誤和欠缺了一些學術上應有的嚴謹性。為了糾正哈拉瑞在這方面的一些缺失、錯誤和誤判，我從一位生物學家的角度，根據自己的學術觀點和研究，完成了這一本書。希望此書能對哈拉瑞和我所關心的問題，以及我們之間存在的不同看法和立論等，能為學術界提供一些新的看法（或新鮮感），促使大家在這方面能建立較為正確的看法、視角、研究方向和查證方法等，以豐富人類命運演進路程方面的知識、了解、認知。我寫這一本書的另一個目的，是希望尋找一種適合像我們這類博雅型大學設置的通識教育（general education）或跨科（interdisciplinary）的課程。為了方便學生學習，書中的許多專題（topics），都可供學生作專題討論，展開思想上的碰撞、爭論、探討和分析；有些較為專門的名詞，我加上英文意思，方便學生理解（因為香港許多中學和大學都是用英語來教學的）。再在各章節的編排上，我着重關注到通識教育的學生的學習要求和特點，將一些論據都扼要地予以簡化。其次，在書中我試圖盡量集中依據和應用中華民族的演化過程來立論，因為中華民族的發展演變史，沒有間斷過，延續性容易說明和解釋；對許多人類命運演化方面的問題，擁有重要的佐證和啟發點，方便追尋、搜索、跟蹤和預測。

我認為這本書不能算作為一本純學術性的著作，但也不是一本單純的教科書，而是我試圖用一些自己認為較具說服力的分析和推斷來看待有關問題，供大家參考、批評和指正。

回港後不久在逛書店時，我發現哈拉瑞的書已有了中譯本《人類大歷史——從野獸到扮演上帝》（林俊宏譯（2017），天下文化出版），而原作者的另外一本有關的最新著作 *Homo Deus - A Brief History of Tomorrow* 也有了中譯本《人類大命運——從智人到神人》（林俊宏譯（2017），天下文化出版）。最後我想說明一點，在書中我把哈拉瑞在他的兩本著作中所論及的問題和觀點都一併地考慮了。因為哈拉瑞的第二本書，我認為可被視作為作者第一本書的延續。

在寫作過程中，我得到許多人的幫助，在這裏表示衷心的感謝。由於我個人的知識和認知的局限性，書中出現的錯漏，當全由我自己負責，與任何人無關。

徐是雄

2018

第1章
人類命運的進化

　　1859年達爾文發表了《物種起源》⁽¹⁾，揭示了生物進化的重要規律和原則。但在達爾文的《物種起源》一書中，他並沒有專門和有系統地涉及到有關人類命運的進化過程，而只是把人類的命運，當作為一般的生物的進化來看待；也就是說，達爾文並沒有把人類作為一種非常特殊的生物來看待（譬如：人類能創造不同的文化及文明，而其他的動物則不能），更沒有系統地去研究人類的命運與其他動物的命運，到底會有哪些進化規律上以及進化原則上的區別。因此，有關人類命運的進化過程及其進化的特質或特殊性（uniqueness），以及人類命運的進化是否也有屬於其自身獨特的規律、原因和原則（假如有的話），達爾文的《物種起源》一書中，在這方面，就沒有提供很多直接明確的，具有突破性價值的資料和證據；也沒有提出任何具啟發性的說明、闡釋、理論、結論和預測。對於這一個問題（即人類命運的進化），眾多的人類學家（anthropologist）似乎也沒有詳細地去探討和做出具重要價值的有關人類命運的演化的整個過程的研判，特別是有關能生活至今的「現代人類」的整個演化過程以及「現代人類」未來的發展會是怎樣的路向？不過，這一工作卻給一些所謂未來學家（futurist）和歷史學家（historian）把棒接了過去，他們對人類命運的演化過程作了進一步研究、探討和預判，而哈拉瑞則在這方面是一位很具代表性的人物。最近他出版了兩本著作：（1）《人類大歷史——從野獸到扮演上帝》，和（2）《人類大命運——從智人到神人》；這兩本著作很暢

銷，似乎也頗具影響力 (2)，他本人好像還到過許多國家去宣揚他的理論和看法（包括中國）。

　　的確，有關人類命運的演化過程，至今我們還無法了解得很透徹；特別是對於近代和未來人類命運的演化軌跡，我們還無法用現今我們所掌握的科學方法論，加以連貫地去正確預測和判斷（即預判）。當今中國正在崛起，這一軌跡，從前看起來還是相當模糊不清的，但現在已開始明朗化了起來；因為中國有超過14億的人口，這14億人的一舉一動，對人類命運的演化會起到重要的作用和影響。舉個例，譬如現今中國出國旅遊的人數之多，已對全世界許多的國家的旅遊事業起到很大的影響。其次，由於中國的人口龐大，全世界其他國家對中國的消費市場都存有很大的興趣和關注，欲分一杯羹，可見這對世界的經濟貿易的推動力度將會是多麼的巨大！坊間有這樣幾句順口溜很能說明現今中國的發展狀態以及其對世界的影響。而這一說法（或對這一段歷史）也可能會在人類歷史發展的長河中，被歷史學家拿來強調和突出地看待（highlight），作為人類命運發展史上的一個重要階段。

　　孫中山讓中國覺醒起來；

　　毛澤東讓中國站立起來；

　　鄧小平讓中國富裕起來；

　　習近平讓中國強盛起來；

　　中國如能讓人類堅持和平、發展、合作、共贏，各種「人類命運共同體」便可以全面地構建起來，驅動和影響人類命運的未來發展進程。

有人擔心中國強大了之後，會否對人類的幸福、世界的進步帶來威脅。2013年5月習近平在接受特立尼達和多巴哥、哥斯達黎加、墨西哥等拉美三國媒體聯合書面專訪時說：

「中華民族歷經磨難，自強不息，從未放棄對美好夢想的嚮往和追求。實現中華民族偉大復興的中國夢是近代以來中華民族的夙願。

實現中國夢，必須堅持和平發展。我們將始終不渝走和平發展道路，始終不渝奉行互利共贏的開放戰略，不僅致力於中國自身發展，也強調對世界的責任和貢獻，不僅造福中國人民，而且造福世界人民。實現中國夢給世界帶來的是和平，不是動盪；是機遇，不是威脅。」[3]

當然，中國現在是擁有足夠的自信，能與世界各國一道去造福人類，但中國要單靠這70多年的奮鬥所得來的成績和影響力來造福全人類，還是遠遠不夠的。從人類命運進化的歷程來看，中國之能做到現今這樣「強大」，還得靠中華民族在長期的演化過程中所積累和創建的文化和文明軟實力。

「文化是民族的血脈，是人民的精神家園。中華文化博大精深，五千年的中華文明孕育了豐富燦爛的中華文化。這是中華民族生生不息、延續發展的不竭動力，為當今中華民族的偉大復興奠定了深厚的發展底蘊。」[4]

「中華優秀傳統文化是我們最深厚的文化軟實力。要把中華民族最基本的文化基因，以人們喜聞樂見、具有廣泛參與性的方式推廣開來，把跨越時空、超越國度、富有永恆魅力、具有當代價值的文化

精神弘揚起來，把繼承優秀傳統文化又弘揚時代精神、立足本國又面

向世界的當代中國文化創新成果傳播出去。要以理服人、以文服人、

以德服人，完善人文交流機制，創新人文交流方式，綜合運用大眾傳

播、群體傳播、人際傳播等多種方式展示中華文化魅力。」⁽⁵⁾

那麼中華文化和文明到底有哪些特點值得我們去弘揚呢？我綜合了一

下中國眾多學者的意見，扼要地應有以下幾個特點：

「不屈不撓、自強不息、奮發圖強、吸納包容的特點；

自我革新、自我修復、綿延不絕的凝聚力和融合力。」

近期中國還強調了需要打造一系列植根於傳統中西文化的價值觀，

包括：「**富強、民主、文明、和諧、自由、平等、公正、法治、愛國、敬**

業、誠信、友善。」⁽⁴⁾相信進入快速發展的資訊和人工智能時代，中國

在建立和推動世界文化、文明方面，還會有更多貢獻的。因為人類社會在

進化過程中，經常會出現許多矛盾；一些矛盾被人類經科學、唯物辯證和

實事求是等方法予以解決了，一些新的矛盾又會出現，跟着人類又會創造

再新一點的辦法來予以解決。依循這樣的規律，永無止境地推動着人類社

會以及人類命運向前演化、發展和進步。

2008年逝世的美國政論學者，塞繆爾·亨廷頓在他出版的一本頗具影響力的書中曾指出，21世紀國際政治角力的核心單位不是國家，而是文明，不同文明間的衝突。我認為這是一種頗片面的看法和論斷。我們中國向來認為，如習近平所說：

「文明因交流而多彩，文明因互鑒而豐富。文明交流互鑒，是推動人類文明進步和世界和平發展的重要動力。」 (3)

即是說，推動人類文明進步和世界和平發展的重要動力，並不是文明之間的衝突，而是交流互鑒、平等對待、包容精神。

「歷史告訴我們，只有交流互鑒，一種文明才能充滿生命力。只要秉持包容精神，就不存在什麼『文明衝突』，就可以實現文明和諧。」(3)

「中國自古就提出『國雖大，好戰必亡』的箴言。『以和為貴』、『和而不同』、『化干戈為玉帛』、『國泰民安』、『睦鄰友邦』、『天下太平』、『天下大同』等理念世代相傳。」(3)

很明顯的，如果人類文明要能夠繼續進化和發展，以後人類社會往哪裏去的問題必須解決。中國的答案和倡議是人類必須走和平發展的道路和建立全球性的生態文明，以及「人類命運共同體」。我相信人類只要依循一條多樣文化、文明融合、和平發展的道路走下去，才能走得穩走得遠，

其他的都是死胡同和自身滅絕之路！

事實上，亨廷頓在1994年他的《文明的衝突與世界秩序的重建》一書的修訂版已意識到：「在人類歷史上全球政治首次成了多極的和多文化的。」「文明的衝突是對世界和平的最大威脅，建立在文明之上的國際秩序是防止世界大戰的最可靠的保障。」[6] 但可惜的是亨廷頓在2008年已去世，他未能看到中國所提出的解決這一使亨廷頓擔心的問題的方法，即：創新、協調、綠色、開放、共享。

總而言之，只有文明之間建立和睦、和諧、和平的相處之道和關係，才能解決人類演化過程中所出現的所有問題和矛盾。而從中國的角度來考慮，中國在推動世界文明的建設方面，我認為着重點必須首先要能夠「推動中華優秀傳統文化創造性轉化，創新性發展」，同時還要把握好怎樣「吸收外來、面向未來」[7]。我相信只有這樣做，才能更好地完成中華民族在現代化過程中的文化使命、文化創造和文化進步。有了優質的文化底蘊，中國才能幫助建立好未來的世界文明；才能通過全人類的共同努力不斷地去開創、充實和優化各種「人類命運共同體」的進程、發展和內涵。

用簡潔平實一點的語言來說，「中國人始終認為，世界好，中國才能好；中國好，世界才能好。」[8] 這就是為什麼中國經常堅持強調，各國之間應多交流互鑒，因為只有這樣人類才能建設一個開放包容的世界。在這一個問題上，習近平在2017年1月18日的聯合國日內瓦總辦事處的題為《共同構建人類命運共同體》時指出，「『和羹之美，在於合異』。人類文明多樣性

是世界基本特徵，也是人類進步的源泉。世界上有200多個國家和地區、2500多個民族、多種宗教。不同歷史和國情，不同民族和習俗，孕育了不同文明，使世界更加豐富多彩。文明沒有高下、優劣之分，只有特色、地域之別。文明差異不應該成為世界衝突的根源，而應該成為人類文明進步的動力。」

「每種文明都有其獨特魅力和深厚底蘊，都是人類的精神瑰寶。不同文明要取長補短、共同進步，讓文明交流互鑒成為推動人類社會進步的動力、維護世界和平的紐帶。」 (8)

現今人類進入新時代，除了要維護不同文明的和平發展；同時，所有的國家還要共同努力和合作，齊來構建全球的生態文明、網絡文明、太空文明以及各種不同類型的人類命運共同體。「2013年3月23日，習近平在俄羅斯莫斯科國際關係學院發表的演講中指出：這個世界，各國相互聯繫、相互依存的程度空前加深，人類生活在同一個地球村裏，生活在歷史和現實交匯的同一個時空裏，愈來愈成為你中有我，我中有你的命運共同體。2015年9月28日，習近平在紐約聯合國總部出席第70屆聯合國大會一般性辯論時，發表題為《攜手構建合作共贏新伙伴　同心打造人類命運共同體》的演講，提出打造人類命運共同體的思想。」 (9) 現今「國際社會普遍認為人類命運共同體摒棄叢林法則、不搞強權獨霸、超越零和博弈，開闢了一條合作共贏、共建共享的文明發展新道路。」 (9) 我希望每一個國家所有的人，都能認識到未來這方面發展的重要意義，並能真心誠意地去予以貫徹落實，這樣人類命運的進化，才能和諧順暢，行穩致遠；人類的生存才可持續，而不會走向衰落，或被傳染病打倒！

參考資料

(1) 查理斯‧達爾文著，《物種起源》，葉篤莊等譯，台灣商務印書館，2017年。

(2) 哈拉瑞著，《人類大歷史─從野獸到扮演上帝》，林俊宏譯，科學文化出版，2014年；
哈拉瑞著，《人類大命運─從智人到神人》，林俊宏譯，科學文化出版，2016年。

(3) 習近平著，《談治國理政》，外文出版社，2014年，56-57、258、265頁。

(4) 張燕主編，《震撼世界的中國》，浙江人民出版社，2017年，42、50-51頁。

(5) 《習近平總書記系列重要講話讀本》，中共中央宣傳部2016年版，學習出版社、人民出
版社，2016年，208-209頁。

(6) 塞繆爾‧亨廷頓著，《文明的衝突與世界秩序的重建》（修訂版），新華出版社，2010
年，中文版序言第1頁，前言第1頁。

(7) 《決勝全面建成小康社會、奪取新時代中國特色社會主義偉大勝利》，習近平在2017年
10月18日中國共產黨第十九次全國代表大會上所作報告，第三段：三、〈新時代中國特
色社會主義思想和基本方略〉（七）。

(8) 《習近平談治國理政》（第二卷），外文出版社，2017年，543-544頁。

(9) 《中華人民共和國簡史（1949-2019）》，當代中國研究所著，當代中國出版社，第179頁。

第2章
巨大革命性改變的衝擊和影響

第1節　農業革命

「人類起源、農業起源與文明起源是世界考古的三大主題，也是探索人類社會發展進程的重要內容。農業生產的根本目的是為了滿足人們對食物的基本需求，農作物的栽培過程實際上是人類行為影響下的植物進化過程。考古研究表明，中國的農業起源至少可以分為南方稻作農業和北方旱作農業兩方面內容。」 [1]

而到了近代，中國農業生產才起着革命性的改變，譬如：對作物掌握了雜交水稻種植和基因改造技術。由於農業現代化知識的不斷積累和增加，以及化肥、農藥的發明，並懂得利用現代的大型機械、智能化設備，大面積地去開展種植糧食作物和發展經濟作物；又懂得怎樣利用大棚種植及無土培植等技術來大規模種植水果蔬菜。現今，進一步更有計劃朝着有機農業、在海邊大面積種植水稻、搞生態農業，雲上農業、5G及人工智能為核心驅動力的智慧農業，來建設中國獨特的農業經濟及生態文明。如果中國能夠再進一步，將「科技特派員制度」予以完善（譬如：堅持人才下沉、科技下鄉、服務「三農」），那麼中國農業未來的發展，將更是無可限量。

從中國未來的農業發展，回過頭來先說說有關中國農業發展的歷史。農業經濟發展是一個緩慢和漫長的過程。考古發現距今約1萬年，在浙江浦江上山遺址已有水稻的遺存。從良渚文化的遺址中又發現，中國的農業已

從「鋤耕農業發展到更高級的犁耕農業階段。」[1] 而中國「北方旱作農業的發展，較南方稻作農業相對簡單，大致可分為四個階段」。第一階段距今約1萬年已有粟的種植；第二階段距今8000年，開始有黍的出現；第三階段距今7000-5000年粟和黍的種植已相當普遍；第四階段距今5000-3500年小麥開始出現，並逐漸取代粟，「成為北方旱作農業的主體農作物，形成了南稻北麥的大格局，為中華文明起源打下了經濟基礎。」[1] 從遺址發掘發現距今約1萬年，中國農民除了栽培作物之外，還懂得馴養牲畜。

「中國位於東亞，是世界上主要的農業起源地區之一，是水稻、粟黍、大豆、蕎麥等的故鄉，馴化豬、雞、狗等家畜。在中國範圍內，關於稻和粟這兩種主要農作的人工栽培歷史仍在探索，但長江流域和黃河流域分別是它們的發源地，是無可爭議的。」[1]

6世紀30年代，賈思勰完成了《齊民要術》。書中他總結了古書上有關農業方面的材料和他親身的調查研究，「是我國現在保存下來最早的一

部完整的農書」，[2] 其中所提供的經驗，非常寶貴。但遺憾的是中國農民在《齊民要術》發表之後，有關農業技術方面的發展便基本上停滯不前，直至近代。中國對人類命運演化起巨大的影響的農業革命，雖然沒有明顯地出現過，但與農業發展有關的，有以下幾件事值得我們注意的，因為這幾件事與推進人類命運的進化有一定關係。

1. 中國的農業與戰爭的關係

中國進入春秋戰國時期，由於不斷有戰爭，所以各國聘用了許多很能管理國家的能人，而這些政治家一般的做法是採取措施改革內政，目標是「富國強兵、尊王攘夷」[1]，促成霸業。譬如最傑出的有春秋時期齊國的管仲（公元前689年）。他：

> 「主張依照土地的肥瘠，定賦稅的輕重。對內開源節流，以
> 減輕農民和小生產者的負擔。興修水利，開墾荒地，發展農業，
> 提倡漁鹽之利，鼓勵魚鹽輸出。設立鹽官、鐵官，管理鹽鐵的生
> 產事業。重視通商的手工業。鑄造貨幣，調劑物價的貴賤。根據
> 年歲的豐歉和人民的需求，決定貨物的集散。結果齊國國用充
> 足，倉庫充實，國家越來越富庶，人民生活逐漸提高，奠定了齊
> 國稱霸諸侯的經濟基礎。」他又「優待甲士（帶甲的兵，甲是古
> 時戰士的護身衣，用皮革或金屬製成），有田自耕，專練武藝。
> 戰爭時，農夫當兵，士當甲士和小軍官。這種促使社會加速分工
> 的措施，對於當時生產的發展，曾起過一定的作用。」[1]

齊國的強盛可以説管仲所採取的改革措施有決定性的作用，而從人類命運演化的角度來看，這種較為先進的經濟和文化發展模式，對農業的發展已沉澱了堅實基礎，經久無多大改變。

而到了戰國初期，秦國重用商鞅實行變法，其中與農業有關的是：

「獎勵生產。凡努力耕織生產粟帛超過一般人產量的，可以免除徭役；凡棄農經商或因好吃懶做以致窮困的，連同妻子兒女一同罰做奴婢」。他又積極為秦國「開闢阡陌封疆（田間分疆界的土堆），擴大耕地面積；獎勵開荒，承認各人新開墾的土地所有權，准許土地自由買賣。另外，還統一了全國的度量衡制度，加強了國內的經濟聯繫。」[1] 商鞅變法，在秦國長期奉行。這樣秦國「經過一百多年的時間，發展生產，養精蓄鋭，越來越富強。」使秦始王最後能滅掉各國，建立中國歷史上第一個統一的國家。秦朝建國後，又採取了一系列有利於農業發展的措施，這對中華民族的發展有了很大的好處。「總之，秦的統一，是適應當時社會發展的趨勢，符合廣大人民的禮儀和需求的，具有重大的進步意義。」[1]

秦國採取的一系列加強中央集權國家統治的措施，對中國的統一，對以後中國各朝代的建立和發展是有着極大影響。可以這樣説，現今中華民族之可以持續地成為一個統一的國家，在世界上屹立不倒，秦的統一中國在這方面的貢獻是起決定作用的。而國家統一這一概念，從秦朝開始已根深蒂固地存在中國每一個人的心中。假如中國沒有秦的統一，那麼中華民族就會像歐

洲那樣變成四分五裂的狀態。所以從人類歷史的演化過程來看，中國之能成為大國（而這「**大國**」的影響力（influence）和效應（effect）對現今全球化經濟的發展是愈來愈重要），秦朝的統一是關鍵中之關鍵。換言之，假如中國沒有統一，那麼中華民族的文化、文明的建立和發展會完全不一樣！

另一方面，還值得指出的是，在戰國時代的秦國戰事頻密，假如秦國的農業不發達，那麼很難想像秦國能長期地和不斷地支持如此頻繁的軍事行動和統一戰爭。據哈拉瑞在他的《人類大歷史》一書中所提出的一個數字，他認為秦朝人口大約有4,000萬。可見秦朝的農業假如不發達，要養活這麼多人，並不容易！

到了漢朝，「**漢武帝在位期間，在他的指示和領導下，漢政府發動民力，在全國廣大地區興修水利，推廣較進步的農具與農業生產技術，對於促進當時農業的發展起了很大的作用。**」[1] 漢之後，從中國歷史朝代的變遷看，好像顯示了這樣一個規律：就是一個朝代的興旺發達，說明當時的人民是豐衣足食；而當一個朝代要開始沒落時，農民便會紛紛起義，而其原因必然是由於統治者殘暴無能、治理無方，廣大人民經受無法飽肚的日

子，不堪痛苦，便要造反，引來農民戰爭席捲全國。之後，中國又會統一起來，社會經濟又很快會得到恢復和發展，政治也就相對地安定了下來。這種朝代更替的周期性循環，相信與農業能否開展正常的生產活動，應有着一定的相互關係或相關性（correlation）。但可惜的是在這方面的資料和史料都相當缺乏，因此難以尋找到一定具意義和明確的科學證據。不過，從現今中國對扶持「三農」（農民、農業、農村）的力度和重視程度來看，把中國農業搞好，對中國來説，在任何時候都是一個非常重要的治國理政環節，也是保證世界能夠長期和平的一個重要環節。

2.農業對人類命運的進化所帶來的多方面的長遠影響

（i）種植不同的農作物所帶來的演變

「我們的祖先很早就已開始種植各種作物。甲骨文中有禾、黍、稷、稻等，後來先秦古籍中又有了『五穀』『百穀』等説法。」

「今天我們能看到的，最古的記載有關農業的書，是戰國時代的著作《呂氏春秋》，其中講到了禾、黍、稻、麻、菽（shū，豆類）、麥。這是先秦時期我國人民種植的幾種最主要的作物。漢代的《氾（fàn）勝之書》以及北魏賈思勰的《齊民要術》裏面所講到的各種作物，主要的仍然是這六種。從古代農書中的具體描述可以斷定，禾就是現在人平常所説的『穀子』（粟），它的粒實叫『小米』。那時，穀子是黃河流域廣大人民的主要食糧；黍是釀酒的主要原料；麥和稻是供給貴族們食用的；豆類對缺少肉食的廣大人民來説，是極好的副食品；麻則是一般人衣着的主要原料。由此看來，這六種作物之所

以能成為我國古代種植的對象的主體，絕不是偶然的。」⁽²⁾

我認為以上這些作物，特別是粟對支撐中華民族能長期的生存繁衍（也可以說對部分人類之能夠演化至今）是有着功不可沒的作用的。其主要原因是因為粟（即小米）這種作物能耐旱保收。由於有這種可供食用的糧食或抗旱作物的出現，對中國人的人口的快速增加（**譬如「北宋人口已超過1億，清朝時達到3億」**⁽²⁾ ）也起到一定作用的；因為長期以來，小米是中國黃河流域廣大人民的主要食糧。在中國革命期間，「**小米加步槍**」對中國共產黨能贏得革命的勝利，可見也起到了作用和有貢獻的。

作為主要糧食作物，稻和麥的重要大家都清楚。但稻米的食用影響至今還未能影響所有的人類，而麥及其加工食品則較能更普遍地為全人類所接受。相信在人類對這兩種作物的進一步深入的研究，將會衍生出更多樣性和更優質的產品，而這兩種作物的產量也會繼續保持高產，這對保證人類的生存和演化是具決定性的穩定作用的。

（ii）中國的養蠶繅絲對人類命運演化的作用

養蠶繅絲是中國偉大的創新發明之一。相傳在殷商時候，中國的農民已懂得種桑、養蠶、繅絲、絲織的技術。春秋戰國時代，中國沿海和長江中下游地區，又出產絲織品。漢朝時，絲織品已花樣很多。「養蠶繅絲業起源於我國，傳播於世界，它和我國古代四大發明一樣，也是中國人民對世界人類文明的重大貢獻之一。」⁽³⁾ 而絲綢之所以對人類的發展有着重要的貢獻，是因為漢武帝時派遣了張騫出使西域。

「漢武帝為了尋找共討匈奴的同盟軍，兩次派使節張騫出使西域，歷時十幾年，開闢了漢朝與西域各國的外交之門。」

「張騫出使不僅達到軍事目的，還打通了橫貫歐亞大陸的絲綢之路，成為2000年前世界的一大奇蹟」 (3)

「絲路上最早的旅客，是頻繁往來的各國使節，商隊，教士隨後而來。中國、印度、波斯安息王朝、羅馬等彼此陌生的，各具特色的文明，在絲路上，尤其在西域地區交融和傳播，由此產生了兼具東西文化特色的、奇異的西域文明。此外，西方的奇珍異寶、歌舞技藝和民俗民風也傳入中國，為漢朝帶來一股『胡風』。這一時期的歐亞大陸是世界上文明高度發達的核心區，而東方的漢朝與西方的羅馬，這兩個最強盛的，版圖疆域最廣闊的大帝國，也由絲路連接起來。」 (3)

「2000多年前，亞歐大陸上勤勞勇敢的人民，探索出多條連接亞歐非幾大文明的貿易和人文交流道路，後人將其統稱為『絲綢之路』。千百年來，『和平合作、開放包容、互學互鑒、互利共贏』的絲綢之路精神薪火相傳，推進了人類文明進步，是促進沿線各國繁榮發展的重要紐帶，是東西方交流參考合作的象徵，是世界共存的歷史文化遺產。」 (4)

這一發展將會是一項「**造福世界各國人民的偉大事業**」 (4) 對人類命運的發展演化也將起到無可估量的推動作用。這不能不說是中國農業對人類歷史發展的一項巨大的貢獻！因為「**兩千多年的交往歷史證明，只要堅持團結**

互信、平等互利、包容互鑒、合作共贏、不同種族、不同信仰、不同文化背景的國家完全可以共享和平，共同發展。這是古絲綢之路留給我們的寶貴啟示。」(5)

從人類發展的角度看，習近平在共同建設「**絲綢之路經濟帶**」的一次演講中指出，要為人類謀福祉，每一個國家都必須「**不斷增進互信、鞏固友好、加強合作，促進共同發展繁榮**」(5)。具體一點的說，習近平為人類文明未來的發展演化，提出了以下幾項重要的方向性措施：「（1）**我們要堅持世代友好，做和諧和睦的好鄰居**；（2）**我們要堅定相互支持，做真誠互擁的好朋友**；（3）**我們要大力加強務實合作，做互利共贏的好夥伴**；（4）**我們要以更寬的胸襟、更廣的視野拓展區域合作，共創新的輝煌。**」(5) 可以這樣說，在人類歷史上，像習近平提出的這樣一種能推進人類文明發展的倡議和共商、共建、共享原則，是可以實實在在的推動「**人類全球文明發展**」以及「**人類命運的進化**」的高度智慧之言（words of wisdom）。

（iii）棉花種植的影響

我國「**很早就知道了養蠶繅絲**，但是廣大人民穿着的原料最初主要還是用麻。直到元明時期，棉花的種植逐漸推廣，才代替了麻的地位。只有苧（zhù）麻，因為是織造夏布的重要原料，所以東南方種植還不少。」(2) 相傳「**棉產於印度，很早就由南北兩個途徑傳到中國，但是推廣不開**」(2)「**到了宋末，棉花和棉紡織發展到長江下游**」(3)。其次，由於去棉籽和彈棉花的工具的傳入以及棉衣料的製作技術開始被掌握，因此棉和棉布的應用才得以推廣，「**又曾經用來與邊疆地區的少數民族換馬等**」(3)。但可惜的

是，那時候中國人的智慧還未能把棉花和羊毛等合起來製作棉衣等。因為假如他們一早能夠發明或發現用棉布做外套，裏面置放羊毛這樣的衣服，其防禦冷冬的效果，會比棉布外套裹以棉花，更能保暖和容易製作。

　　與此有關的，我又再想到的一個例子是，中國農民很早就懂得養鵝和鴨，但遺憾的是中國農民從來沒有懂得怎樣利用鴨毛或鵝毛（duck or goose down）作為填充物置放在棉布外套內來做衣服和棉被等。試看現今，在冬天時世界上哪個人不穿鵝絨衣服來禦寒！從以上這兩個小小的例子，可以看到，人的智慧（intelligence）雖已進化到很高的程度，但在面對和解決一些頗為簡單的生活和生存問題時，還是顯得非常笨拙。以上面的兩個例子來說，如果人類早就懂得好好的利用羊毛和鵝毛來做禦寒衣物等，那麼人類歷史上可能戰爭會少些發生，不平等的現象也會少很多。就拿棉花的種植來說，造成非洲黑人大批地從非洲被買賣到美國做農奴，其中一個原因是因為

當時美國南部需要大量的勞動力來種植和處理棉花的加工[6]。非洲黑人大批從非洲到美國做農奴，不但引發了美國內戰，改變了美國人民的命運，進而影響和改變了世界文明發展的路向。假如人類一早就懂得用羊毛和鵝毛來做衣服等的填充物（filling），那麼人類的文明肯定會起很大的改變，人類命運的歷史演化也會大大的不一樣。

（iv）茶對人類命運演化的影響

中國絲綢之路還是茶馬古道上，最為普遍的交易商品，為絲綢、瓷器和茶。但比起酒來，茶作為一種中國老百姓的飲料的普遍性，比酒要晚得多，但也有幾千年歷史。大概到西漢時，茶才流行了起來，茶的貿易開始發達；到唐朝時飲茶已很普遍。

「封演的《封氏聞見記》，比較生動地記載了這方面的情況。」據該書講：「人自懷挾，到處煮飲，從此轉相仿效，遂成風俗……城市多開店鋪，煎茶賣之，不同道俗，投錢取飲。其茶自江、淮而來，舟車相繼，所在山積（意思是說茶堆得如山一樣高）。」[2]

「城市多開賣茶的店鋪，說明茶的消耗量增加，可以間接說明茶的生產和貿易的發達。」[2]

「德宗貞元九年（793），唐政府接受張滂的建議，徵收茶稅，每年收入四十萬貫。茶之有稅，從此開始。」[2]

「元、明、清諸朝，飲茶的人，範圍比前愈發廣泛。」[2]

中國的茶種類很多，主要的有以下幾類：不發酵茶，如西湖龍井，是綠茶中的代表；半發酵茶，如武夷岩茶（即烏龍茶），「**其成品成湯兼具綠茶之香和紅茶之醇，代表名品『大紅袍』更是被譽名『茶王之王』。**」[7] 最後還有一種屬於全發酵類的茶，如祁門紅茶。

最初茶的飲用是以藥來看待的，「**《神農本草經》有：『神農嘗百草』，日遇七十二毒，得荼而解之。『荼』就是指茶，在唐代以前沒有『茶』，所以常以『荼』代替。**」[7]

中國在「陸羽的《茶經》問世以後，飲茶成為社會各階層都盛行的一種社會風氣。宋代時期，西禪師歸日本，將茶傳去扶桑。明朝時期，我國的茶開始銷往荷蘭、丹麥等國。清康熙年間，我國的茶開始銷往英國，並受到英國上層社會的歡迎。」[7]

直至今日在英國和其他一些與英國有歷史密切關係的國家，如澳大利亞，都有這樣的一種習慣，即在上午十時左右和下午三時左右，在工作的地方，規定要有一個約十五分鐘的茶飲時間（Tea Break）。而這一習慣已成為英式文化的一部分。在一些高級的酒店，在下午的時候，他們常規地會供應一種叫「High Tea」的餐飲服務（包括：紅茶和一些西式小吃，如蛋糕、曲奇餅和三文治等）。但近幾十年，由於咖啡的普及化和商業化的優勢，慢慢在有些地方，茶逐漸被咖啡所替代，而Tea Break也變成了Coffee Break。就現今的發展趨勢來看，咖啡作為一種人類的主要飲料有可能慢慢會代替茶飲。但中國的情況，就飲料來説，仍然是茶佔最主要的地位。

有開設茶和咖啡館的店商告知我，至今，中國人對茶和咖啡的需求是5：1之

比，在有些地方更是10：1之比。可見中國人對茶還是情有獨鍾。此外，也必

須指出在中國許多地方，茶飲在一定程度上已是一種根深蒂固的「必需品」

和文化，從四川人和廣東人對茶的喜愛程度，便容易明白。可以這樣說：

> 「茶是中國人生活不可缺少的一部分，而在茶的發展歷史上唐
>
> 代的陸羽和他所著的《茶經》起了很重要的作用。」[8]

> 「按《茶經》所述，中國古代的茶道，到唐代中葉的時候已經
>
> 形成一套完整的體系，採茶、制茶、烹茶、飲茶都有明確的規範，
>
> 十分嚴謹。自《茶經》問世後，「飲茶益盛」。至如今，《茶經》
>
> 影響遠及國內外，日、韓、美、英等國都有許多《茶經》的藏書
>
> 和譯本。《茶經》對世界的茶文化是做出了重要的貢獻。」[8]

但如要中國這一重要的飲食文化能夠繼續發揚光大和對人類做出更多貢

獻，我認為中國必須在種植和加工方面更注重科學的管理和開發，保證其質量

和增加茶產品的門類。舉例說，日本將茶磨成粉末（即抹茶）用來沖茶和放入

許多糕點產品的做法便是一種很好的創新。而中國在這方面還需要多加努力，

創造出質量更好和更多樣性的不同類型的產品（more varieties）。從人類命運的演化角度來看，作為悠閒的非酒類飲品，將來會是茶和咖啡長期平分秋色的局面。同時也相信還有更多一些中西混合形的產品會出現，如各種類型的奶茶、咖啡＋茶的鴛鴦類、果茶（即：茶+水果或果汁）類產品等。

（v）農業與飲食的關係

　　中國由於農業發達得比較早，因此推動中國人的飲食文化的發展歷史悠久。「當西方社會將吃飯僅僅看做為了生存的時候，炎黃子孫就已經開始思考着如何將飲食變成美妙的享受了。」[7]「北京大學醫學系教授馬文昭先生表示，我國古人將飲食分為八個境界。這八個境界分別為：裹腹、饕餮、聚會、宴請、養生、解饞、覓食、獵艷。」[7] 而中國的烹飪技術的發展演變更是出神入化。「正規宴席中上的菜怎麼吃、什麼時候吃」[7] 都有講究，給人一種高深莫測的感覺。此外，由於地域和生活習慣的不同，我國菜系可被分成八大系，「分別為：粵菜、川菜、魯菜、蘇菜、浙菜、閩菜、湘菜和徽菜。這八大菜系基本囊括了我國古代飲食文化的精要，可以充分代表中華民族博大精深的飲食文化」[7]，這對人類的演化和文明素質的提升將會有着重要的影響。現今的問題是要看中國怎樣去傳承和把這些飲食文化繼續發揚光大。最近筆者在淮安看到，當地政府建立了一所「淮揚菜博物館」，把淮揚菜作為蘇菜系的一個重要組成部分加以介紹和描述。像這類的博物館中國其他地方比較少見。我認為每一個菜系（包括他們的分支）都應建立這類博物館，把中國的飲食文化更有系統地加以介紹推廣和提高。而中國對烹飪的方法的科學研究，對食材的分析和食材對健康的影響，對食物的處理的安全

衛生，對廚師專業人士的職業化培訓和尊重都必須要有所提高，才能為人類命運的演進提升上更高一個層次。從人類命運的進化的角度看，人類之能夠創造出這樣精緻的菜餚，應被視為人類作為最高等動物的一個標誌性的特徵（characteristic），因為其他動物都無法進化到這個程度和水平！而現今，由於餐飲快遞業的興起，以及人希望吃得更健康，這對菜餚製作方面的創新、要求和變化，又有了新的促進作用，可讓中國的飲食文化不斷地發揚光大。

（vi）重農抑商和城鄉的關係

「重農抑商是前工業社會頗為普遍的現象。」[9]「古代各民族的重農抑商，是同當時的社會發展水平相聯繫的。」[9]「戰國時期商鞅變法實行抑商政策。一是貶低商人的地位。二是向商人課以重稅。三是通過國家資本排擠商人。秦統一後繼續堅持打擊商人的方針。」[8] 這主要原因明顯的是因為要保證強兵和戰爭所需。早在「東周列國時期，管仲相齊之時，提出『四民分業』理論。主張將社會成員按照他們所從事的工作，劃分為四大社會集團，即士、農、工、商。士農工商的並列，是中國歷史上第一次將人們按職業進行劃分。自此之後，中國歷代王朝都基本接受了這種典型的職業劃分。」[8] 同時又把這些劃分，予以尊卑之分：「論民之行，以士為尊，農工商為卑。論民之業，以農為本，工商為末」，[9] 形成明確的社會分工和等級。從漢朝到宋朝這種抑商重農的觀念持續盛行。但逐漸這種重農抑商的風氣有所改變，這是由於城市的出現。城市人的情況從貧富來說，是農不如工富，工不如商富。「長期被賤視的商人，居然憑財富改變命運，成為不可忽視的社會勢力。」[3] 特別是宋朝以後，商業大發展，城市繁華為之一新。

另一方面，我國的土地制度歷來受到分配的局限性和不公，從秦朝商鞅變法開始就有了所謂土地私有制，而這種制度在中國一直持續了幾千年。「在這期間，儘管耕種土地的農民就其身份而言，有時是自由民、奴隸，有時是農奴、佃戶、僱農，但他們總是受地主的剝削壓迫的。全國絕大部分的土地掌握在地主階級手裏。」「地主階級以政治的力量、經濟的力量吞併農民的土地，使得絕大部分農民只有很少的土地，甚至陷於破產的境地。」[2] 新中國成立以前，中國幾千年來都保持了這制度，壓迫着農民、束縛了農業的發展和拉開了農村和城市之間的貧富差距。而這一個問題要到新中國成立，才逐步地尋找到解決的方案和辦法。

習近平指出「一定要看到，農業還是『四化同步』的短腿，農村還是全面建成小康社會的短板。中國要強，農業必須強；中國要美，農村必須美；中國要富，農民必須富。」[10] 為此，新中國推出了一系列措施，包括以下幾項主要措施：

「1. 堅持解決好『三農』問題,即堅持土地公有制性質不改變、耕地
紅線不突破、農民利益不受損三條底線。

2. 積極推進農業現代化,提高社會主義新農村建設水平,讓農業農
村成為可以大有作為的廣闊天地。

3. 推進農業供給側結構性改革、提高農業綜合效益和競爭力。

4. 保障糧食安全,確保中國人的飯碗任何時候都牢牢端在自己手上。

5. 必須堅守18億畝耕地紅線,實行最嚴格的耕地保護制度。

6. 堅持農村土地農民集體所有。」[10]

在2014年國務院辦公廳《關於引導農村產權流轉交易市場健康發展的
意見》進一步指出:

「近年來,隨着農村勞動力持續轉移和農村改革不斷深化,農
戶承包土地經營權、林權等各類農村產權流轉交易需求明顯增長,
許多地方建立了多種形式的農村產權流轉交易市場和服務平台,為
農村產權交易提供了有效服務。但是,各地農村產權流轉交易市場
發展不平衡,其設立、運行、監督有待規範。引導農村產權流轉交
易市場健康發展,事關農村改革發展穩定大局,有利於保障農民和
農村集體經濟組織的財產權益,有利於提高農村要素資源配置和利
用效率,有利於加快推進農業現代化。」[11] 並可以加快幫助解決
城鎮現代化、農村城市化的問題。

習近平指出，「是我們這樣一個擁有13億多人口的發展中大國實現城鎮化，在人類發展史上沒有先例。」(10) 習近平進一步指出：

「推進以人為核心的新型城鎮化，要提高城鎮建設用地利用率，按照促進生產空間集約高效、生活空間宜居適度、生態空間山清水秀的總體要求，形成生產、生活、生態空間的合理結構。提高城鎮建設水平，體現尊重自然、順應自然、天人合一的理念，讓城市融入大自然，讓居民望得見山、看得見水、記得住鄉愁；保護和弘揚傳統優秀文化，延續城市歷史文脈，努力把城市建設成為人與人，人與自然和諧共處的美麗家園。」(10)

我相信在中國人民的努力下，這一目的很快便可達到。而從人類命運的演化歷史來看，如果中國真能摸索出一條有效解決城鎮化的道路，那麼

其影響將會是深遠的。相信只要中國的農村發展得好，中國的城鎮就不會亂和必然會發展得好，如果中國的城鎮不亂和發展得好，那麼中國就不會亂而必然也會發展得好，如果中國不亂，那麼世界就不會亂，而且也一定會發展得好。這樣人類命運的進化，才可以得到真正的保障。看來這應可被視作為人類演化發展的一條科學規律。**任何政權的領導者，只要順着這一條規律來行事，就會對人類的演進有所貢獻；如果逆這規律來行事，那就肯定會為人類的生存和發展帶來災難性的影響！**

參考資料

(1)　《中國歷史地圖》，中國大百科全書出版社，2017年，44頁。

(2)　吳含主編《中國歷史常識》，新世界出版社2017年，16、20、50、64、104、226-228、233頁。

(3)　劉煒、張倩儀編著，《中國的文明》，商務印書館，2002年，106-107、218、242頁。

(4)　厲以寧等著，《讀懂一帶一路》，中華書局，2017年，399頁。

(5)　習近平，《談治國理政》，外文出版社，2014年，288-289頁。

(6)　斯溫・貝克特著（林添貴譯），《棉花帝國》（*Empire of Cotton：A Global History*），天下文化出版社，2017年）。

(7)　季風著，《北大國學課》，新世界出版社，2013年，239、240、250頁。

(8)　湯一介等主編，《中國文化常識》，友誼出版社，2017年，307、376-377頁。

(9)　啟良著，《中國文明史》，國際文化出版公司，2010年，388頁。

(10)　《習近平總書記系列重要講話讀本》，中共中央宣傳部（2016年版），學習出版社、人民出版社，2016年，157頁。

(11)　《國務院辦公廳關於引導農村產權流轉交易市場健康發展的意見》，國務院辦公廳，2014年12月30日，人民出版社，1頁。

第2章
巨大革命性改變的衝擊和影響

第2節　達爾文進化論與人腦的革命性演化

達爾文進化論揭示了生物的起源和進化的過程。自從達爾文的《物種起源》（*Origin of Species*）[1] 發表之後，它對否定神創造人的神話和信仰起到了非常重要的作用。直至現今，信仰宗教和有神論者都還極力地在否定和反對達爾文的進化論所揭示的科學真理以及有關的生物進化的科學規律。這是可以理解的。因為達爾文的進化論，不但否定了宗教信仰的基礎，同時還否定了所有依靠信仰宗教人士的勢力和利益。説得透徹一點，達爾文進化論否定了宗教的存在價值。

另一方面，有些邪惡的政治人物和政治勢力，卻故意歪曲達爾文進化論的原意，使人們對達爾文的科學理論的正確理解和認識有了偏差和誤解，這些人可以説是在幫倒忙！譬如，德國納粹份子就利用達爾文理論中所揭示的「**弱肉強食**」這一動物界的一種特殊的現象（注意：不是普遍現象），把它引用來滅絕猶太人；同樣，現今美國仍然有些人利用這一現象來支持「**白人至上**」（white supremacy）的言論和行動，歧視美國黑人和墨西哥的移民等。

無可否論，達爾文所揭示的進化論的科學證據，在許多方面還不夠完善，但就進化論所揭示的原則，其科學性和真實性已無法否定。由於達爾文的進化論對解釋人類的演化過程有着關鍵作用，因此我在下面就用一點篇幅，把達爾文的進化論所揭示的科學理論，扼要地説明一下。

先從達爾文所揭示的物種（species）的變異（change and variation）説起。從下圖2.1我們可以看到，物種的生存和變異是受着兩大因素影響的：（1）需適應環境的變化以及維護和保存生存的能力而變化；（2）由於物種自身所產生的突變（mutation）而引起的變異。

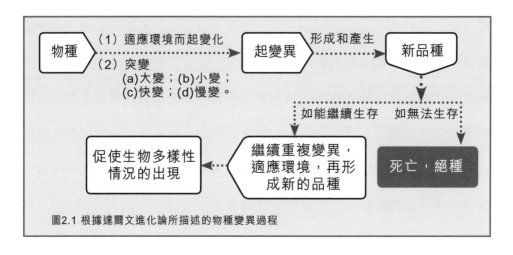

圖2.1 根據達爾文進化論所描述的物種變異過程

當任何一種生物物種（biological species）如進化論所揭示的規律，從水生的環境進入陸地的環境（terrestrial environment）生活和演化，這些生物物種必須要有能力或辦法去適應新的環境（及其一切變化），不然那些生物物種便無法繼續生存下去；簡單地説就是會滅亡。這就是達爾文的「適者生存」的理論。那麼生物物種又怎樣去適應新的環境而可以生存下來呢？辦法很簡單，就是生物物種本身必須要有一種機制可以導使自身起變異以適應外界環境的變化。由於每一種生物物種都有這樣的一種機制，故此許多物種，就這樣被保存了下來；但當然也有許多生物物種由於變異的機制不夠靈活或欠缺適應能力，而無法適應新的環境的變化而走向

死亡和整個物種滅絕的道路。那些能夠由於變異成功而生存下來的，根據其變異的實質性狀等，就會形成許許多多不同的新的生物物種（與原來在未適應或未受到環境壓力影響下的生物物種比較）。從而導致生物多樣性（biodiversity）的形成的原因或結果。

當生物物種起變異時，我們上面説過因為每一生物物種都擁有一種變異機制，而這變異機制我們通稱為「突變」（mutation）。但生物物種的突變過程是頗複雜的：突變可以是大變，也可以是小變；而變異的速度又可以很快或很緩慢（出現這樣的差異現象，當然也受着不同的外界的環境的變化程度和壓力的大小等因素影響的）。用一句比較簡單的話來説：就是生物物種的變異是受着內因和外因的複雜互動作用而起變化。換言之，每一生物物種的變異體的出現，都因經過複雜的內因和外因的變化互動而導致的結果。

達爾文進化論所顯示的人類的進化過程

人類的進化也是依據以上所説的過程而展現的。從圖2.2我們可以看到大約公元前800萬年～前700萬年古猿便慢慢的形成人，先是形成直立人（約公元前800萬年），公元前22000年～前12000年腦容量接近現代人開始出現（例如：北京周口店出現的「山頂洞人」）。[2] 有關人的起源，現今大家比較接受的説法是：

> 「原始古猿是人類和現代類人猿的共同祖先。西方科學家通過
> 基因測定和研究，曾經認定非洲是早期人類的唯一起源地，最早的
> 人類是由非洲森林出發，走向全世界的。但也有學者提出，世界上

分佈有多處人類的起源地，古猿是在各地區先後完成進化過程的，中國也是世界上發現百萬年前的古人類化石和生活遺存豐富的地區，是人類其中一個重要的起源地。」(2)

姑勿論人的起源是非洲還是世界上多個不同的地方，當智人（Homo sapiens）出現時，人類的結構形態等都已基本定型。從這一時期開始，可以這樣說，人類並沒有再進一步的變異和進化了。那麼為什麼人類，進化到這一階段，便停止了呢？這是需要一些說明和解釋的。依我的看法可以用圖2.2來顯示：

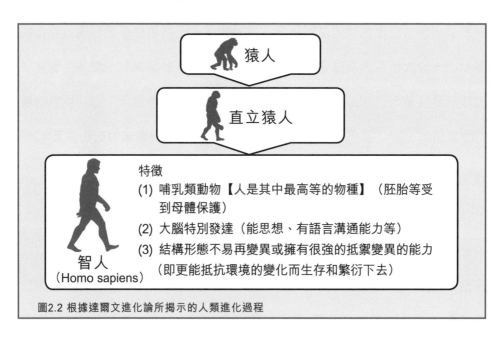

圖2.2 根據達爾文進化論所揭示的人類進化過程

從圖2.2我們可以看到，當人類進化到智人（Homo sapiens）時，人類的進化，可以說便開始緩慢起來（幾千幾萬年都沒有起什麼變化，將來可能也不會）或者完全停止和固定化，而不再起什麼變化（no substantial and significant changes）。

人類的進化為什麼會慢或停止下來呢？我認為這主要有以下三個原因：

　　（1）人類作為哺乳類動物，可以說已達致進化的最完美階段或最高階段。因為哺乳類動物和其他在陸地上生活的動物比，生存的機會相當高。原因主要是：因為哺乳類動物最能保護其胚胎和初生幼仔，而男女交配繁衍下一代的機制一般比較完善（特別是人類）（圖2.2）。從進化的角度看，很難想像有比人類這樣，有更成功的物種的出現。或可以這樣說，很難想像，人類可以再怎樣變化，而超越今人（所謂「**超人**」之說只是幻想小說創造出來的虛構物，自然界是很難出現的）。進化對某些生物物種來說是不需要永恆地變化的；變異演化到某一個程度是可以停止下來的。因為這樣可能對那些生物物種的生存和繁衍更為有利。用比較簡單的語言來說，即是「**不變應萬變**」，可以被視為人類為什麼能如此成功地在陸地上生活和生存的一個重要原因。所以人類之如此成功，不是因為人類會變異或經常變異，而是人類不會變也無需變。譬如2017年頒布的諾貝爾醫學獎的三位得主，揭示了控制人身體內的生理鐘（circadian clock）的運作和機制的複雜性和精準度。類似這樣功能性的運作機制在人類身體內普遍存在。而要這些複雜的生理機制不斷地正確無誤地運作，就要保證有關機制在任何時候都不會隨意和輕易地起變化，不然就會出錯和運作失調。因此具有穩定和不變的正常運作機制對人類的生存非常重要。

　　故此，所謂「**適者生存**」也者（survival of the fittest），對人類來說有三層意思或三條途徑，即：（Ⅰ）通過變異來適應環境的變化，（Ⅱ）通過不作任何改變或變異來適應環境；（Ⅲ）通過改變環境或創造環境，讓環境

來適應人的生存和繁衍（見圖2.3）。以上的途徑不是「**弱肉強食**」這麼簡單可以予以全包地解釋的。

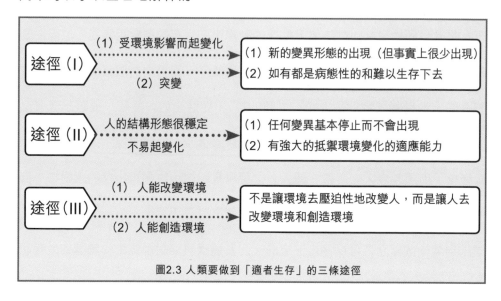

途徑（I）　(1) 受環境影響而起變化 → (1) 新的變異形態的出現（但事實上很少出現）
　　　　　　(2) 突變 → (2) 如有都是病態性的和難以生存下去

途徑（II）　人的結構形態很穩定 不易起變化 → (1) 任何變異基本停止而不會出現
　　　　　　　→ (2) 有強大的抵禦環境變化的適應能力

途徑（III）　(1) 人能改變環境 → 不是讓環境去壓迫性地改變人，而是讓人去改變環境和創造環境
　　　　　　　(2) 人能創造環境 →

圖2.3 人類要做到「適者生存」的三條途徑

　　人類的進化與其他的動物相比較的另一個優勝點，是因為人類擁有了相當發達的大腦。人類的大腦的發達程度是任何其他生物物種都無法比擬的。人腦也是一個非常複雜的人體器官結構，其複雜性也是其他動物無法比擬的。原因是人腦不但結構複雜，而在功能和運作方面也非常複雜。人腦的複雜結構和功能對人類能生存和繁衍，從進化的角度來看非常重要和意義重大（significant）。不過人腦的結構雖然複雜，但卻相當穩定和不會變異。當然如果腦受到損傷時，人腦會起各種病態性的變化和引發很多不正常的行為（abnormal behaviour）的出現。但這些病態性的變化並不等同我們人類進化的角度所説的變異。

　　從人類進化的角度來看，人腦的整體結構的穩定性（或不會隨便地變異）是人類得以生存的一種優勢（survival advantage），是人類能夠充分體

現「適者生存」的其中一個關鍵—即具有以「不變應萬變」的能力。但人腦的結構和功能的奇妙之處，除具有一定的穩定性（stable）之外；更重要的是，人腦在運作時，卻非常的靈活和富彈性（flexible）。這裏就舉兩個例子來說明一下：（i）人腦的記憶系統和（ii）人的大腦皮質系統（cortical system）以及大腦邊緣系統（limbic system）的功能。從圖2.4我們可以看到人的記憶系統一般可以分成兩種：（i）短暫記憶和長期記憶；（ii）大腦皮質層系統以及大腦邊緣系統。而大腦皮質層系統以及大腦邊緣系統這兩個系統與記憶系統又會互動頻密影響，現今我們對它們之間的複雜互動關係和作用還不是完全清楚。但相對來說，我們對大腦皮質層系統與大腦邊緣系統之間的功能和互動關係則較為清晰一點。

大腦邊緣系統主要產生各種屬動物性的本能特徵，這些特徵許多低等動物都擁有。對低等動物來說這些本能性的特徵，對他們能夠生存和快速抵禦惡劣環境或敵人等有重要的作用。但這些屬低等動物性狀的特徵，部分仍然存在人類的腦結構和腦功能之內[3][4]，而這些功能對低等動物的

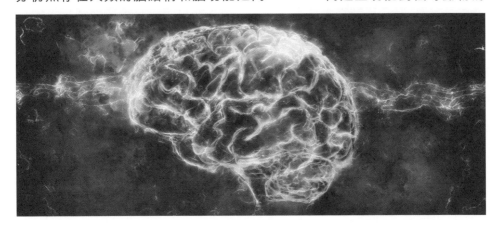

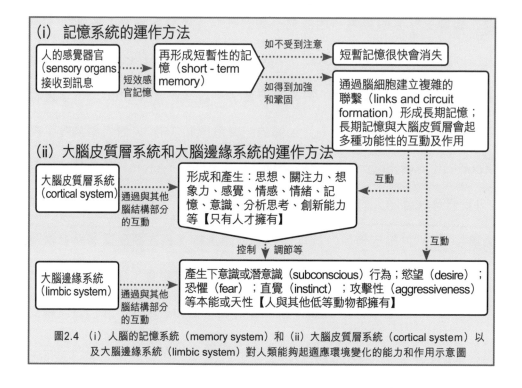

圖2.4 （i）人腦的記憶系統（memory system）和（ii）大腦皮質層系統（cortical system）以及大腦邊緣系統（limbic system）對人類能夠起適應環境變化的能力和作用示意圖

生存是非常重要，譬如，它可以產生許多即時和應急性的反應，而這些反應對低等動物面對惡劣的外來因素的挑戰是起到非常關鍵作用的；低等動物的這些特性，對他們許多本能性功能的發揮（如性慾、食慾、攻擊性等）也非常重要。[3] 但低等動物所具有的特徵，對人類來說，其重要性卻相對的在人類的進化過程中在逐漸的減弱；因為人類在進化過程中產生了能控制和調節大腦邊緣系統的許多（只有低等動物才具有的）功能。即是說，人腦的皮質層的形成和出現，是人類能夠成功地生存在地球上的關鍵器官和結構。

　　人腦的皮質層與人腦的其他部位能產生互動作用，其結果是可以產生各種其他低等動物無法形成的功能和能力：如思想、關注力、想像力、感

覺、情感、情緒、記憶、意識、認知、分析和創新能力等等⋯⋯人腦的這些
超強功能和能力的形成，對人類可以抵禦影響他生存的惡劣環境的變化起著
巨大的作用。也由於人腦擁有這些功能和能力，它可以不但抵禦惡劣的環境，
同時還可以改造環境和創造環境，來讓他們去適應人類的生存、生活和繁衍。這
些能力簡單地說，可以看作為一種「**有意識**」的行為（conscious behaviour）。
而「**有意識**」的行為，不但可以自我完善和改變，而且還可以利用和控制大腦
邊緣系統所產生的「**無意識**」或「**潛意識**」行為（subconscious behaviour）
來製造對人類生存和繁衍有益和有利的行為；或壓抑（suppress）那些對人
類生存和繁衍無益和有害的行為等。

　　人類能夠進化到這樣一個高智能階段，是否能夠再進一步提高和變化呢？
我上面已經說過，從進化的角度來看，人腦的進化已達致頂點。而從「適者
生存」的角度來看，也已到了頂點。不過，現今人的智慧和聰明已可以
用人工智能的方法來進一步改變和提高，從而使人自身的能力超越自然
人（natural man）的「**自然能力**」（natural ability），而變成所謂「**超人**」
（biotronic）（如在人體內裝置電子儀器等來提高人的各方面能力）。而這
一個問題待我在第2章，第4節內，再深入地展開討論。

　　但在這裏不妨提一下，由於我們人類已經開始掌握許多有關人類體
內的基因的結構和運作方法，因此我們已能開展許多改變人類基因及其運
作（genetic engineering）的方式。無可否認，我們由於掌握了這方面的技
術，從醫學的角度來說是一件好事，因為我們可以利用基因工程的手段，

來醫治一些先天性的由於基因變異或缺失而引起的疾病。但另一方面，這種技術也可以被一些別有用心的壞人，利用來胡亂地改造和改變人類。從人類演化的角度來看，兩者對人類的未來發展，在多方面，都會有相當大的影響，這不能不引起我們的關注和警惕。

參考資料

(1) 查理斯·達爾文著，《物種起源》，葉篤莊譯，台灣商務印書館，2016年。

(2) 劉煒、張倩儀編著，《中國的文明》，商務印書館，2002年，1頁。

(3) *The Human Body Book*，DK， 2013，95、p.103。

(4) *The Complete Human Body*，DK， 2010，p.321。

第2章
巨大革命性改變的衝擊和影響

第3節　科學革命與教育改革

中國古代的科學技術有過輝煌的歷史，並在造福人類方面做出了很大的貢獻，例如眾所周知的中國的四大發明：火藥、印刷術、指南針、造紙術。除此之外，中國在數學、建築、造船等方面的科學技術也曾相當先進。但近三百年來，中國科學技術的發展卻停滯不前，而落後於世界科學技術發展的潮流。有關為什麼中國在近三百年在科學技術方面會落後於，譬如西方國家的發展的原因，已有許多專著作出分析和論述，在這裏我不想就這個問題展開討論（見由科學出版社出版的《中國科學技術史》；英國李約瑟編著的《中國科學技術史》等）。

但中國科學技術的落後了一段時間，並沒有影響到世界性的科學技術的進步。因為在西方，從十七、十八世紀的啟蒙時期開始在眾多的哲學家、思想家和學者提出不同的理論和思想的碰撞下，自然科學逐漸開始萌芽和形成，並且迅速蔓延至全世界。到了十九世紀自然科學進一步崛起，**「鼓勵許多哲學家嘗試沿襲自然科學的方法重新為哲學奠基。」**[1]**「布倫塔公式化地宣稱：真正的哲學方法無它，唯自然科學的方法而已。實證主義（孔德）因此主張人類的進步在於將思想帶入主證的階段，即科學的階段。」**[1]此外，十九世紀還可被視作為：

「從近代到現代的過渡期。因此，以哲學史的角度來看，許多在十

九世紀發掘出來的線索直接延續到當代。其政治氣氛仍舊為法國大革命的後果左右，尤其是在民族自決的觀念下對建立主權民族國家的追求。自由主義的目標在於以理性為主宰，追求個體的自由（人權），乃至於自由經濟。社會主義對抗資本主義的社會秩序，追求的是一個也能保障弱勢階層生活水平與地位平等的社會暨所有權制度。」[1]

從以上可以看到，自然科學在十九世紀的崛起，其影響範圍之廣及深遠，而從人類演化的角度來看是空前的。在自然科學的不斷壯大其影響力的過程中，人們開始認識到他們不但可以有效地詮釋世界，同時可以改變世界。

「對當時思想界的氣氛最具決定性的是自然科學與技術的突飛猛進。一種樂觀主義的信仰因此萌芽，人類認為自己改變世界的能力幾乎到達無限。最顯著的例子是工程師這種職業的出現，他們將理論知識轉化為實際應用。科技所開展的全新可能性首先在英國造成了所謂的工業革命。」[1]

我曾經問過幾位很有名望和成就的科技工程人員。我問：「對工程師來說，有沒有什麼困難的工程項目是他們做不到的？」答案是：「沒有什麼困難是可以難倒他們的，只要願意付出足夠的錢和給他們足夠的時間。」可見科技工程人員之自信！

回看中國的情況，鄧小平1978年3月18日在全國科學大會開幕式上的講話指出：

「一個向科學技術現代化進軍的熱潮正在全國迅猛掀起。在我

們面前展現了光明燦爛的前景。」「在二十世紀內，全面實現農業、工業、國防和科學技術的現代化，把我們的國家建設成為社會主義的現代化強國，是我國人民肩負的偉大歷史使命。」[2]

在同一講話中，鄧小平進一步明確的指出，所謂：

「四個現代化，關鍵是科學技術的現代化。沒有現代科學技術，就不可能建設現代農業、現代工業、現代國防。沒有科學技術的高度發展，也就不可能有國民經濟的高度發展。」[2]

為了配合中國四個現代化的實現，鄧小平還採取了以下政策和措施，而這些政策和措施對以後中國在科技方面的快速發展是起關鍵性作用的。

（I）實行開放政策，學習世界先進科學技術

鄧小平在1978年10月10日會見德意志聯邦共和國新聞代表團時指出：

「中國在歷史上對世界有過貢獻，但是長期停滯，發展很慢。現在是我們向世界先進國家學習的時候了。我們過去有一段時間，向先進國家學習先進的科學技術被叫作『崇洋媚外』。現在大家明白了，這是一種蠢話。我們派了不少人出去看看，使更多的人知道世界是什麼面貌。關起門來，固步自封，夜郎自大，是發達不起來的。」[2]

（II）正確認識科學技術是生產力

在1978年3月18日舉行的全國科學大會上，鄧小平已指出：

「正確認識科學技術是生產力，正確認識為社會主義服務的腦力勞動者是勞動人民的一部分，這對於迅速發展我們的科學事業有

極其密切的關係。我們既然承認了這兩個前提，那麼，我們要在短短的二十多年中實現四個現代化，大大發展我們的生產力，當然就不能不大力發展科學研究事業和科學教育事業，大力發揚科學技術工作者和教育工作者的革命積極性。」⁽²⁾

1980年4月1日同中央負責同志的談話，鄧小平進一步指出：

「革命是要搞階級鬥爭，但革命不只是搞階級鬥爭。生產力方面的革命也是革命，而且是很重要的革命，從歷史發展來講是最根本的革命。」

（III）堅持社會主義、堅持改革開放

1987年5月12日鄧小平在會見荷蘭首相呂貝爾斯時指出：

「中國真正活躍起來，真正集中力量做人民所希望做的事情，還是在1978年底黨的十一屆三中全會以後。從那時到現在的八年多時間，我們四個現代化的新長征走了第一步。我們確定一心一意搞建設是正確的。為了搞建設，需要實行兩個開放，一個是對內開放，一個是對外開放。」[3]

1991年8月20日鄧小平在與幾位中央負責同志談話時進一步指出：

中國「如果不堅持改革開放，不拿實際行動證明這一點，也是不行的。堅持改革開放是決定中國命運的一招。」「沒有改革開放十年經濟發展的那個飛躍，取得順利調整是不可能的。」[2]

從以上鄧小平理政時期中國所採取的一系列重要政策和措施，對促進中國以後在科學技術方面的發展可以説不但是承前啟後，而從中國的整個科學技術發展的歷程來看，可以説以上政策和措施為中國的科學技術發展奠定了革命性的基礎。相信中國在鄧小平時代所推行的科學技術革命，對人類將來的發展也將會被載入人類命運演化史冊之中（有關這方面的論述，同時請參考第2章第4節）。

但除以上三點之外，另外還有兩點與培養科學技術人才有關的，必須一併在這裡闡述一下。

（IV）尊重知識，尊重人才

1975年9月26日鄧小平在聽取中國科學院負責同志匯報《關於科技工作的幾個問題》（匯報提綱）時指出：「科技人員是不是勞動者？科學

技術叫生產力，科技人員就是勞動者！」[2] 1977年在與中央兩位同志談話時鄧小平進一步指出：

> 「一定要在黨內造成一種空氣：尊重知識，尊重人才。要反對不尊重知識份子的錯誤思想。不論腦力勞動，體力勞動，都是勞動。從事腦力勞動的人也是勞動者。將來，腦力勞動和體力勞動更分不開來。發達的資本主義國家有許多任務和人的工作就是按電鈕，一站好幾小時，這既是緊張的，聚精會神的腦力勞動，也是辛苦的體力勞動。要重視知識，重視從事腦力勞動的人，要承認這些人是勞動者。」[2]

習近平在《中國科學院第十七次院士大會、中國工程院第十二次院士大會上的講話》中引用了西周《詩經‧大雅‧文王》的以下這首詩：

思皇多士，生此王國。

王國克生，維周之楨；

濟濟多士，文王以寧。

對於這一首詩《人民日報》的評論解讀很值得一讀：

> 「千秋基業，人才為先，21世紀最珍貴的資源就是人才。推進改革發展大業，實現民族復興，人才越多越好，本事越大越好。古人云，千里馬常有，而伯樂不常有。我國是一個人力資源大國，也是一個智力資源大國。用好這麼豐富的人才資源，在思想上要尊重人才、求賢若渴，像周文王那樣尊賢禮

士、深得人心，使之成為一種社會風氣、一種價值追求，才能感召人才、吸引人才。在體制機制上，需要建立發現人才、培養人才、凝聚人才的一整套有效制度，為各類人才各展所學、各盡其能打造堅實的舞臺。栽好梧桐樹，引得鳳凰來，持之以恆地做好人才工作，才能培養造就規模宏大、結構合理、素質優良的人才隊伍，為事業發展提供有力支撐、注入強大活力。」 (4) 可見如司馬光所說：「為政治之要，莫先於用人。」

《人民日報》評論部在解讀習近平《在河北參加省委班子專題民主生活會時的講話》中所引用的白居易的以下的一篇文章中的段落：

邦之興，

由得人也；

邦之亡，

由失人也。

得其人，

失其人，

非一朝一夕之故，

其所由來者漸矣。

《人民日報》評論部做出了以下的解讀：

「中國是人才思想產生最早的國家。《詩經》主詩序中有：『君子能長育人材，則天下喜樂之矣。』《詩經》中還有『濟濟

多士，文王以寧』『四國無政，不用其良』的詩句。孟子認為『尊賢』是治國之本，指出國家『不用賢則亡』『不信仁賢，則國空虛』，將能否任用賢能提升至國家存亡的高度來認識。」[4]

（Ⅴ）培養選拔人才和教育改革

1978年3月18日鄧小平在全國科學大會上說：

「科學技術人才的培養，基礎在教育。我們要全面、正確地執行黨的教育方針，端正方向，真正搞好教育改革，使教育事業有一個大的發展，大的提高。」[2] 使「受教育者在德育、智育、體育幾方面都可以全面發展。」[2]

上面提到在發展科學技術方面，中國最需要做到的很明顯就是：（1）大力培養人才，（2）改革教育。

2010年5月15日胡錦濤在全國人才工作會議上指出，中國「中長期人才發展規劃綱要提出了到2020年我國人才發展總體目標，這就是：培養造就規模宏大、結構優化、佈局合理、素質優良的人才隊伍，確立國家人才競爭比較優勢，進入世界人才強國行列，為在本世紀中葉基本實現社會主義現代化奠定人才基礎。我們要圍繞這個總體目標，堅定不移走人才強國之路，科學規劃，深化改革，重點突破，整體推進，努力實現人才資源總量穩步增長、隊伍規模不斷壯大，人才素質大幅度提高、結構進一步優化，人才競爭比較優勢明顯增強、競爭力不斷提升，人才使用效能明顯提高、人才發展體制機制創新取

得突破性進展，逐步實現由人力資源大國向人才強國轉變。」⁽⁵⁾

在這方面我相信大家都可以看到（或公認），中國在人才培養方面的確是做得很不差。讓我們看一下現今許多重大的科技的基礎或應用的研究，都是由一批三十歲左右的年青人在推動和負起主要的責任和擔當。最近我聽到一些外國科學家談到，他們倒不怕中國現今在許多高科技研究領域走在領先的地位，他們怕的是看到中國在這些領域的研究人員都非常的年輕，因為他們覺得年輕人的創造力是無限的，是具革命性的。

在培養人才方面中國除了自己努力在做之外，還：

「積極引進海外人才和海外資力。」「改革開放以來，我們在實踐中逐步形成了一套吸引海外人才的工作體系和政策措施，回國或來華工作和創業的海外人才越來越多，今後要繼續加強這方面工作。要堅持支持留學、鼓勵回國、來去自由的方針，完善符合留學人員特點的引才機制，鼓勵留學人員以不同方式為祖國服務。」⁽⁵⁾

大家都知道，另一個推動中國科學技術發展的力量就是回國工作的中國留學生。「一百五十六年前，一位名叫容閎的中國青年走進了耶魯大學校園，四年後他以優異的成績獲得了文學士學位，成為畢業於美國大學的第一個中國留學生。」⁽⁶⁾ 容閎回國後，又組織了第一批官費赴美留學幼童。這批留學生之中有許多學成後回國，為推動中國的科學事業等發揮作用。之後通過庚子賠款，又先後有好多批的中國留學生在美國學成歸國效力。可以這樣說，中國在現代科學技術發展的初期，得到了這些留學生的

參與和推動非常關鍵。現在不妨讓我們看看現今留學生在這方面的情況。

「據教育部數據顯示，2016年，我國出國留學人員總數突破54萬，較2012年增長14.49萬，增幅達36.26%；留學回國人員總數為43.25萬，較2012年增長15.96萬。增幅為58.48%。」⁽⁷⁾

「在自我認知方面，多數海歸認為自身最大優勢在於國際視野、語言優勢及跨文化溝通能力，普遍認為留學期間個人能力獲得全面提升。」⁽⁷⁾

從以上的一些數據可以看到，中國在這方面的政策措施是對頭的，效果也是非常明顯的。而在這方面的發展中國是具競爭力的，不但在國內，同時在全球。

讓我們的青年精英繼續出國留學是重要的。但從中國整體科學技術和經濟發展來看，單靠留學生是遠遠解決不了中國發展中所遇到的各種問題的，重要的是這方面的人才還得靠中國自己來培養。

這就涉及到中國教育改革的問題。2010年7月13日，胡錦濤在全國教育工作會議上指出要，「推動教育事業科學發展，必須優先發展教育。」而有關的具體政策方針措施在《國家中長期教育改革和發展規劃綱要（2010-2020年）》已講得很清楚，這裏就不再重複。但胡錦濤在全國教育工作會議上強調的幾點有關推動中國教育事業科學發展的重點，值得在這裏引錄。胡錦濤指出，推動教育事業科學發展，中國「必須優先發展教育；必須堅持以人為本；必須堅持改革創新；必須促進教育公平；必須重視教育質量。」⁽⁵⁾

習近平在中國科學院第十七次院士大會、中國工程院第十二次院士大會上指出：

「我國科技隊伍規模是世界上最大的，這是我們必須引以為豪的。但是，我們在科技隊伍上也面對着嚴峻科技大師缺乏，領軍人才、尖子人才不足，工程技術人才培養同生產和創新實踐脫節。『一年之計，莫如樹穀；十年之計，莫如樹木；終身之計，莫如樹人。』我們要把人才資源開發放在科技創新最優先的位置，改革人才培養、引進、使用等機制，努力造就一批世界水平的科學家、科技領軍人才、工程師和高水平創新團隊，注重培養一線創新人才和青年科技人才。」[8]

現今擺在我們面前的是，中國怎樣才能在培養人才、發揮人才的才能方面超越一些先進的國家呢？答案很簡單，就是我們還要把教育與時俱進地合理予以改革。但可惜的是教育改革雖已推行了多年，成效卻還是不夠突出。讓我們先來看一下中國現今正在做些什麼和已做了些什麼，以及具體在落實方面做了哪些改革的工作。依我之見，扼要地大概有以下幾個方面：

（一）　夯實中國教育的優秀傳統（如德育、智育、美育、體育、勞動教育等）；

（二）　增加啟發性教育的內容、方法和措施；但也不否定傳統通過背誦的方法學習的優點，而是兩者相結合；

（三）　加強創新教育的內容和突出STEM的重要性；

（四）　大學的教學、科研等允許多元化，讓各種學術思想都有機會可以百花齊放、各自爭鳴；

（五）　鼓勵基礎研究，鼓勵工匠精神；

（六）　強調教育必須同社會發展相結合（習近平曾指出：「**學得再多，束之高閣，只是一種獵奇，只是一種雅興，甚至當作奇技淫巧，那就不可能對現實社會產生作用。**」）；

（七）　必須讓學生多了解社會、世界和通過實踐認識自己，認識怎樣處理人際關係以及情商（emotional intelligence）的重要性；

(八）考試仍需保留，但可以在考試的方法上多做改良，使能真正測試到學生的能力。

(九）強調要抓好思想政治教育工作以及愛國教育工作的重要性；對人生的看法要培養，如正向心理學（positive psychology）所指出的，要有積極向上、向善、向樂的做人心態。

　　以上中國及我所強調的這幾個方面，將教育合理地優化和改革，提高學生的教育素質，我認為非常重要。但有一點我想在這裏需要特別指出的，就是中國對於**怎樣利用創新的概念作為抓手在教育的各領域全面改革教育**，似乎還沒有系統、認真、實事求是地作出研究和提出過具體可行的方案。而做好這一方面的工作，我認為不但重要，並且應與時俱進地，把中國教育改革（包括香港）的工作做實做牢，這是最關鍵的第一步，這也應是教育改革的最主要目的，即：用創新來武裝學生的頭腦和夯實學生的思想方式和思維方向。因為中國的學生非常欠缺創新的意識和動力。這是中國教育的一塊短板，必須盡快予以補上。下面我再就這一個問題，詳細展開討論一下。

　　近年來國家一直在營造雙創（創新、創業）的氛圍，可能有人認為，創新只是推動中國科學技術發展範疇之內以及解決就業方面的事。但從教育的角度來考慮，我認為我們不但必須要在科技領域注重多培養一些一線的創新人才，而更重要的是也必須在所有方面，都要鼓勵學生大膽地去創新和勇於創新。我們必須讓學生從小便開始，對所有事物都培養成具有好奇心、創新意識、認知格物的心態（inquisitive, creative and innovative mindset）。

其次，我們還必須花大力氣，把現今智能時代的倫理智能，把我們正在積極打造和建設的有關生態文明，以及人類命運共同體方面的知識，從創新的角度、全面有序地教育學生。只有這樣我們才能為中國的教育（特別是香港）構建一套具創新性、基礎性和先導性的學習體系及創業體系，來引領世界未來的教育改革和發展。

我相信，今後中國的年輕一代，如能好好的掌握創新所帶來的無限機遇，又掌握構建生態文明及人類命運共同體的意義，那麼這不但可以促使中國的社會、經濟等能繼續朝着健康的方向發展，而更重要的是，會影響到全人類命運未來的演化，朝着更高層次文明的方向發展和進化（有關這一方面的問題，在第2章，第4節會再展開討論）。因此，我們以後必須把創新的理念放在新時代的教育的最突出位置。也就是説，我們必須在進入新時代，對「教育範例樣式」（或「教育範本」），作一根本性的改變或轉移，即是説必須進行「教育範本的轉變」（paradigm shift）。

而我們這些負責教育下一代、培育人才的教育工作者，也需與時俱進地，對新時代所需的「教育範本的轉變」，要有足夠的認識和重視，這樣我們才可以順利地在教育的各方面，作出適當的調整和貢獻。而我在這裏所建議的，這一新教育範本轉移的目的，具體一點説，就是希望更好地和更創新地去貫徹落實現今大家都推崇的全人教育的理念。只有這樣我們才能全面地提高學生的能力和素質，包括：（1）創新創業的能力；（2）創建未來生態文明的能力；（3）構建人類命運共同體的能力；（4）打造工匠精神的能力；（5）與數字化、人

工智能的快速發展相適應的能力；（6）善於建立人際關係的能力；（7）懂得怎樣去正向地追求和夯實幸福人生的能力；（8）怎樣去建立社會情感的能力（social emotional ability），以及遏制個人主義的過度膨脹和滋生反社會的情緒和心態（anti social and anti society mindset）的能力；（9）怎樣去積極創建理想人生，以及用平靜理性的心態，去面對人的身心老化和死亡的能力；等等......。

　　大家可以看到，我所建議的以上這些教育目的，要比傳統的德、智、勞、體、美的教育目的，是有着更高的要求以及具顛覆性的內容。現今我們國家正進入新舊動能轉換期，以及世界經濟處於技術變革創新的重大關口；因此，怎樣培育新產業、新業態、新商業模式等所急切需要的人才，也是一個我們教育工作者，在新時代的教育範例轉變的過程中，要積極考慮和思考的問題，以及提供具建設性的方案，來加速中國在世界新的教育範疇的轉變期的話語權。

是時候，中國應盡快擺脫被西方壟斷了這麼多年的教育模式的桎梏（如美式的博雅教育模式、英式的專業教育模式、西方傳統大學的精英教育模式等）而自立門戶，構建中國特色社會主義自己的新教育模式和適合人類未來發展以及構建人類命運共同體的教育模式。

故此，人類進入新時代，我們必須對教育的改革，有新思路、新舉措，不然，我們就難以引領建立未來世界經濟持續穩定發展的動力；難以具建設性地去驅動人類命運向前發展和進化的路程；難以有足夠的自信（註：除道路自信、理論自信、制度自信、文化自信，四個自信之外；還應包括：國家自信、民族自信、建立世界新秩序自信等）去推動世界文明全球化的提升；以驅動中華民族和世界其他的民族共同來構建，包容性更強、凝聚力更大的人類命運進化共同體。

2019年10月16日習近平在發給首屆世界科技與發展論壇的賀函指出：「**當前，新一輪科技革命和產業變革不斷推進，科技同經濟、社會、文化、生態深入協同發展，對人類文明演進和全球治理體系發展產生深刻影響。以科技創新推動可持續發展成為破解各國關心的一些重要全球性問題的必由之路。**」[9] 從教育的角度，我們應怎樣去配合，新一輪科技革命和產業變革的前進步伐？怎樣把創新變成為經濟與社會可持續發展的根本動力？怎樣解決「**世界正面臨的全球氣候變化、能源資源短缺、糧食和食品安全、網絡信息安全、生態環境污染、重大自然災害、傳染性疾病和貧困**」[9] 等問題？也需要我們教育界與時俱進地大力和大膽地作出教育改革（並與其他的界別通力合作），共同努力把以上我們所面臨的這些當代問題、挑戰，

——予以解決。無可否認,在這方面,教育界是責無旁貸、任重而道遠。因此我認為,中國(包括香港)在教育範本的必須改變,已刻不容緩。不然,我們就難以奪回和做到引領教育未來的發展權和話語權,因此,在這方面我們要有自信,並要好好學習華為在發展5G的做法!

參考資料

(1)　彼得‧昆茲曼等著,《圖解世界哲學史》,黃添盛譯,商周出版社,2017年,159頁。

(2)　《鄧小平文選》第二卷,人民出版社,1994年,34、40、85、86、95頁。

(3)　《鄧小平文選》第三卷,人民出版社,1994年,232、368頁。

(4)　《習近平用典》,《人民日報》評論部,《人民日報》出版社,2015年,162、165頁。

(5)　《胡錦濤文選》第三卷,人民出版社,2016年,389、397、418、419-426、441頁。

(6)　《胡錦濤文選》第二卷,人民出版社,2016年,441頁。

(7)　《光明日報》8月17日報導,作者張勝。

(8)　《習近平談治國理政》,外文出版社,2014年,127頁。

(9)　習近平函賀首屆世界科技與發展論壇:〈創新促可持續發展〉,2019年10月17日,《文匯報》,A15版。

第2章
巨大革命性改變的衝擊和影響

第4節　工業、互聯網、人工智能革命

「當今時代，我們面臨着紛繁複雜的挑戰，其中最嚴峻、最重大的挑戰莫過於如何理解並塑造這次新技術革命，而這並不亞於人類的一次變革。這次革命剛剛開始，正在徹底顛覆我們的生活、工作和互相關聯的方式。無論是規模、廣度，還是複雜程度，第四次工業革命都與人類過去經歷的變革截然不同。」[1]

從以上克勞斯‧施瓦布（Klaus　Schwab）的一段話，我們可以看到，第四次工業革命在人類歷史的演變發展過程中所帶來的巨大變化和深遠意義。因為這一次具顛覆性（disruptive）的新科學技術所帶動的第四次工業革命的速度和廣度是史無前例的，而其所創造出來的發展可能性也是無限的（包括0→1；1→∞）。正如施瓦布所指出的：其影響力將使各行各業發生重大轉變，包括：新的商業模式的出現；現有商業模式被顛覆；生

產、消費、運輸與交付體系被重塑；我們的工作與溝通方式，以及自我表達、獲取資訊和娛樂的方式，都會大大的改變；政府、各類組織機構以及教育、醫療和交通體系等在被重新定位、組合和重塑。

「『革命』一詞指的是突然出現的劇變。革命總是這樣發生在人類歷史中：每每出現新技術，看待世界的新視角，人類的經濟體制和社會結構便會發生深刻變革。如果以歷史的長河做為參照，這些突然發生的變革可能要持續很多年才能全面展開。」[1]

可以說，現今大約發展到了一個關鍵性的轉折點，正在夯實基礎，隨時騰飛衝天。

現在讓我扼要地回顧一下，上幾次工業革命的歷史：

第一次工業革命大概從1760至1840年，由於蒸汽機的發明、鐵路的建設和機械的擴大使用。

第二次工業革命大約始於19世紀末至20世紀初，由於電的發明和使用，而促使規模化工業應運而生，大大的發展了生產力。

第三次工業革命大約始於20世紀60年代至90年代，由於計算機和網絡的出現和半導體芯片的發展，使人類文明起了根本性的改變。

而第四次工業革命可以說自互聯網＋、移動電話的大量使用開始到現今人工智能、大數據的應用、雲計算、無人控制技術、電子商務、數據處理、區塊鏈技術和量子計算、納米技術、生物科技、新的材料學、新能源的開發

和應用等等；而特別是人工智能技術（artificial intelligence）的開發和應用。

美國麻省理工學院的艾瑞克‧布林優夫森（Erik Brynjolfsson）和安德魯‧麥克費（Andrew McAfee）在2014年兩人合著的一本書中，形容這一階段的發展為「第二次機器時代」（The second machine age）；而在2017年他們就這方面的發展和潛力又合著出版了 *Harnessing Our Digital Future：Machine, Platform, Crowd* 一書。從以上兩本書中我們可以看到數位技術和網絡時代所帶來的各種革命。可以這樣説，以上的革命現今都還剛開始，而對中國來説，幸運的是，這一場革命中國已有機會能夠參與。中國在第一、二次的工業革命，都不是參與者；而在第三次的工業革命，中國還不是主動的參與者，而是跟隨者（follower）；但在這第四次的工業革命，中國不但可以主動參與而且必須領跑；而事實上在有些方面我們已經做到了（如在移動支付等領域）。現今世界愈來愈扁平（見 *The World is Flat*，《世界是平的：21世紀簡史》，Thomas L.Friedman，湯瑪斯‧L‧費里德曼），競爭也相對地已較為容易，但如要能夠在這方面競爭勝出，首先必須要有強大的創新和創造力做後盾。習近平指出：「創新是引領發展的第一動力」，對中國來説：

「必須把創新擺在國家發展全局的核心位置」。「要着力實施創新驅動發展戰略，抓住了創新，就抓住了牽動經濟社會發展全局的『牛鼻子』。」[2]

「實施創新驅動發展戰略，是加快轉變經濟發展方式、提高我國綜合國力和國際競爭力的必然要求和戰略舉措。」[3]

很明顯的，中國現今對實施創新驅動發展戰略是很有信心的，在許多方面都在走前人沒走過的路。2017年7月8日，中國國務院印發《新一代人工智能發展規劃》從國家層面對人工智能發展進行了規劃，使成為人工智能國家戰略來看待。現今最為關鍵的是必須在科學技術的基礎研究加大力度，把一些重要領域的科技創新加以突出，集中力量、協同攻關，創造更多在國際上佔有高地的科技創新實力（特別是在：生產型互聯網、智能經濟、智能社會、智能服務、沉浸式服務（immersive experience）（尤其對老年人方面的服務）、智能科技創新體系等方面），因為現今我們在許多方面與先進的國家比較還是頗落後的，尤其在軍民融合和智能化基礎設施等方面。

　　2014年6月9日習近平在中國科學院第十七次院士大會、中國工程院士十二次院士大會上指出：

　　「進入21世紀以來，新一輪科技革命和產業變革正在孕育興起，全球科技創新呈現出新的發展態勢和特徵。科學交叉融合加速，新興學科不斷湧現，前沿領域不斷延伸，物質結構、宇宙演化、生命起源、意識本質等基礎科學領域正在或有望取得重大突破性進展。信息技術、生物技術、新材料技術、新能源技術廣泛滲透，帶動幾乎所有領域發生了以綠色、智能、為特徵的群體性技術革命。傳統意義上的基礎研究、應用研究、技術開發和產業化的邊界日趨模糊，科技創新鏈條更加靈巧，技術更新和成果轉化更加快捷，產業更新換代不斷加快。科技創新活動不斷突破地域、組織、

技術的界限，演化為創新體系的競爭，創新戰略競爭在綜合國力競爭

中的地位日益重要。科技創新，就像撬動地球的槓桿，總能創造令人

意想不到的奇蹟。當代科技發展歷程充分證明了這個過程。」 (4)

　　上面已經提過，在科技創新的發展大勢推動下，中國在創新科技方

面的發展成績斐然。現今中國的所有商業元素和社會元素，都在全面地朝

着數字化和智能化（又被合稱為：「數智化」）方向運營、轉型和發展。

中國在落實「互聯網＋」的戰略發展規劃方面也已在許多方面站在領先地

位，而在人工智能創新能力方面也開始嶄露頭角，創建各種「互聯網＋」

和「人工智能＋」的混合發展模式等。

　　但在人工智能發展的這一初期階段，有人已經開始擔心人工智能會

否取代人類的存在意義？因為人工智能將會取代許多人類的工種和工作機

會。從人類演化的角度來看，人工智能會否產生「**你死我活**」的局面？我

認為，不會出現。因為首先，人工智能絕對不可能替代人腦智能的全部。

人工智能所能做到的是一般與需要記憶和依循邏輯來解決問題的能力；而

這些方面人工智能肯定比人腦強。但人腦的其他功能：如知覺、情緒；能

思想、臆測和有想法；能產生情感、意識、愛、恨、喜、怒、哀、樂等；

具有多元思維的能力；具有無限的想像力和各種幻想等，是人工智能無法

生產出來的。換言之，人類是一種有機的物種，而機器人則是無生命的一

種只能很有效地幫助人類開展各種活動的工具（useful instrument）。人

工智能就像孫悟空，它是永遠逃不出如來佛祖手掌的。人工智能也像唐僧

放在孫悟空頭上的緊箍，永遠受人類控制。我認為人類或人腦所產生的智能與人工智能可以平行地發展（develop in parallel）（即相向而行）；而從圖2.5我們可以看到人腦智能與人工智能的關係以及他們之間的互動和互相影響的關係（5）。從圖中我們還可以看到，人工智能永遠是無法超越人腦智能的。因為人腦可以產生感情、情緒、意識等等，而這些都是人腦智能獨有的特徵，是人工智能無法複製的。正因為如此，我上面說過，所以人工智能永遠無法超越人腦智能。換句話說，就是人腦智能在任何情況下，都比人工智能要勝一籌和具有一定的競爭優勢（competitive edge）、領跑優勢（initiation advantage）、選擇（selection）、決斷（judgemental）優勢，以及調控優勢（control）等（見圖2.5）〔同時參考圖3〕。

雖然現今我們的科技發展已可以讓一些機器人經深度學習（deep learning）後產生強有力的分析和認知能力以及建立人工神經網絡強化智能發展的能力等；但人工智能必須通過人類予以「賦能」（empowerment）、數據的處理（digitalized）才能顯現（express）出來和發揮作用，因此人類只要對數據及處理數據的方法加以有效管控，人工智能並不會出現如哈拉瑞所擔心的所謂「**數據主義**」（5）或讓「**數據主義**」征服人類和世界。換言之，通過數據處理而形成的人工智能，是不可能超越人工智能「賦能」主　（the master or controller of empowerment）及創造者的（the creator of artificial intelligence）控制的。

「2017年1月，著名人工智能科學家、史丹福大學人工智能實驗室

和視覺實驗室主任李飛飛，在北京發表演説。談到人工智能和人類的關係時，李飛飛提出一個發人深省的問題：AI的未來，掌握在那些創造、開發和使用者的手中。無疑地，AI會改變世界，但這裏真正的問題是：改變AI的，又會是誰呢？」(6)

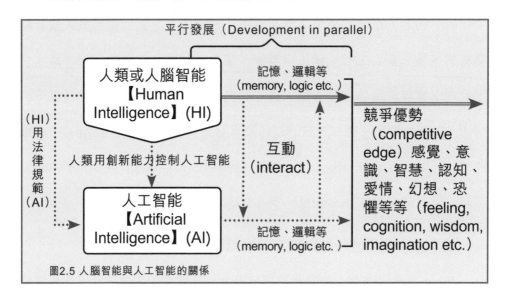

圖2.5 人腦智能與人工智能的關係

【注：AI：artificial intelligence，中文譯作：人工智能或人工智慧】

我認為很容易回答這一個問題──是人類。只要人類不斷的去創新，人工智能是永遠也無法超越人類（或人腦）智能的！在人腦的不斷進化過程中，創新永遠是科學技術和世界未來的主旋律、領跑者和領導者。此外，上面已經提過，由於人類進化的特點，如有感情、會思考、懂生死等，機器人無論如何都不可能擁有人類這些獨有的特質的。假如機器人無法擁有這些人類的特質，那麼他們又如何能夠戰勝人類？又如何能夠控制人類？無論人工智能將來變得如何的「**全知全能**」（事實上是不可能的），他永遠不可能變成如

哈拉瑞所說的產生什麼「**數據宗教**」[5]，因為一種可以被人類控制、挑戰、改造和創建的數據世界（digital world）不可能成為人類崇拜的對象的，因為只有永恆不變的東西才有可能被人類崇拜（如神之類，而那也是虛構出來的東西），而數據並不是什麼永恆不變、萬能（all mighty）、神聖 （holy）和無敵的東西！

自從AlphaGo的獲勝「讓一些不瞭解機器智能的人開始杞人憂天，擔心機器在未來能夠控制人類。這種擔心是不必要的，因為AlphaGo的靈魂是計算機科學家為它編寫的程序。機器不會控制人類，但是製造智能機器的人可以。而科技在人類進步中是扮演着最活躍最革命的角色，它的發展是無法阻止的，我們能做的就是面對現實，抓住智能革命的機遇，而不是回避它、否定它和阻止它。未來的社會，屬於那些具有創意的人，包括計算機科學家，而不屬於掌握某種技能做重複性工作的人。」[7]

但人工智能的出現，使人又開始擔心的另一個問題是，機器人會否取代了人類的工作。李善友在吳軍著的《智能時代》一書的序言中指出：「**認為機器智能將在未來危及整個人類的工作機會，大多數人在未來將不再被社會需要。不可避免，每一次大的技術革命都會帶來陣痛，但同時誕生的，還有更多新的機會。**」[7]

機器人和人工智能技術的發展對人類未來的演化持悲觀態度的人，在人工智能技術行業內外的確有不少。例如，剛過世不久的著名理論物理學

家史蒂芬・霍金（Stephen Hawking）就公開說，「人工智能的研發，可能意味着人類末日的到來」。霍金指出：「人工智能可以在自身基礎上進化，可以一直保持加速度的趨勢，不斷地重新設計自己。而人類，我們的生物進化速度相當有限，無法競爭，終將被淘汰。」[6]

「2017年初，霍金和馬斯克（Elon Musk）都表示，為了防止人工智能威脅人類，他們支持加州阿西洛馬會議通過的23條基本原則。這23條基本原則，主要涵蓋了三個範疇：1）科研問題；2）倫理和價值觀；3）長期問題。

阿西洛馬23條基本原則，像科幻大師艾西莫夫筆下著名的「機器人三定律」一樣，從方法、特徵、倫理、道德等多方面限定未來的人工智能可以做什麼、不可以做什麼。」[6]

而據報導，2017年在「澳洲墨爾本舉辦的國際人工智能聯合會議（IJCAI），就有多達116位來自26個不同國家的人工智能專家聯署公開信，要求聯合國禁止人工智能殺手機器人（AI killer robots）在全球研發及使用。」我相信除了要防止殺手機器人之外，還要防止駭客控制人工智能的各種犯法行為。後來，馬斯克等進一步又發表了一封公開信，公開呼籲聯合國「必須採取措施，禁止把人工智能引進殺傷武器（ban the use of AI in weapons）」（2017年8月23日香港《南華早報》報道）。

從以上各方面有識之士的擔心，可以看到人工智能技術的發展，的確是存有一定的危害。但我相信，這些危害是都在人類可控範圍之內，只要

政府和有關行業能盡快制定有效的法規予以管控。

無可否認，人工智能的進一步快速發展，對社會、經濟等方方面面都會有正面和負面的影響，而這些影響都是深遠和巨大的。但我相信，從人類演化的發展過程來説，應該是正面的比負面的為大。

就拿中國來説，中國在過往幾年仍然努力地朝着積極正面方向在發展，並把這方面的創新「**擺在國家發展全局的核心位置上，把人才作為支撐發展的第一資源，不斷推進理論創新、制度創新、科技創新、文化創新，讓創新貫穿黨和國家的一切工作，讓創新在全社會蔚然成風。**」[2]

「近年來，我國的科技創新進入前所未有的快車道，科學技術是第一生產力的畫面正一覽無餘地展示在人們面前：『車間內，機器人來回穿梭不停，從取貨、搬運、裝配零部件，再到噴塗、烘乾、檢測、成品入庫，諸多環節全部由機器人完成……。』機器人，被譽作『製造業皇冠頂端的明珠』。如今，我國已成為全球最大的機器人市場。不單是機器人，大數據、雲計算、移動互聯網、物聯網等創新鼓點密集敲響，合奏出中國經濟最強音。2012年以來，我國技術密集型產業、戰略性新興產業快速崛起，華為、聯想、中興、阿里巴巴等一大批企業步入全球高技術行業領先者行列。2015年，我國高技術產業增加值增長11%，超過規模以上工業增速4個百分點。」[2]

除人工智能機器人之外，如馬雲所説：「中國正進入從IT（Information Technology）時代到DT（Data Technology）時代的轉型階段。」馬雲在

許多公開場合進一步闡明了IT到DT變革的意義和影響。他指出：

「大家一直認為，從IT到DT，不過是技術的提升，其實是兩個不同的時代，DT是一個新時代的開始。從社會學的角度思考，IT時代是讓自己更強大，而DT時代是讓別人更強大；IT時代是讓別人為自己服務，DT時代是讓自己去服務別人，是以競爭對手服務競爭對手；IT時代是藉由對過往資訊的分析去掌控未來，而DT時代是去創造未來；IT時代是讓20%的企業愈來愈強大，80%的企業可能無所適從，而DT時代是釋放80%企業的能力。」⁽⁸⁾

「如果IT時代誕生的是製造，那麼DT時代將會誕生創造。如果IT時代誕生的是知識，那麼在DT時代，人類將會真正進入智慧的時代。」⁽⁸⁾

假如中國14億人都能盡快地進入智能時代，那麼其對拉動人類演化的進度，世界新文明的建立都將會有非常巨大的影響「歷史的機遇往往稍縱即逝，我們正面對着推進科技創新的重要歷史機遇，機不可失，時不再來，必須緊緊抓住。」⁽⁴⁾ 第四次工業革命和智能時代已經來臨！人類在這方面進化的上升趨勢（ascendency trend）已無法阻擋。而中國正在抓緊推進，國家新一代人工智能發展規劃的實施工作，建設國家人工智能開源開放新平台，以搶佔人工智能制高點，因為未來的科技和世界發展誰能引領人工智能、萬物互聯等科技，誰就掌握了人類的未來。

2019年7月26日，習近平在中共中央政治局第九次集體學習時，談到有關推動我國新一代人工智能健康發展，他強調指出：

「人工智能是引領這一輪科技革命和產業變革的戰略性技術，具有溢出帶動性很強的『頭雁』效應。在移動互聯網、大數據、超級計算、傳感網、腦科學等新理論新技術的驅動下，人工智能加速發展，呈現出深度學習、跨界融合、人機協同、群智開放、自主操控等新特徵，正在對經濟發展、社會進步、國際政治經濟格局等方面產生重大而深遠的影響。加快發展新一代智能是我們贏得全球科技競爭主動權的重要戰略抓手，是推動我國科技跨越發展、產業優化升級、生產力整體躍升的重要戰略資源。」[9]

習近平指出，「人工智能具有多學科綜合、高度複雜的特徵。我們必須加強研判，統籌謀劃，恊同創新，穩步推進，把增強原創能力作為重點，以關鍵核心技術為主攻方向，夯實新一代人工智能發展的基礎。要加強基礎理論研究，支持科學家勇闖人工智能科技前沿的『無人區』，努力在人工智能發展方向和理論、方法、工具、系統等方面取得變革性、顛覆

性突破、確保我國在人工智能這個重要領域的理論研究走在前面、關鍵核心技術佔領制高點。要主攻關鍵核心技術，以問題為導向，全面增強人工智能科技創新能力，加快建立新一代人工智能關鍵共性技術體系，在短板上抓緊佈局，確保人工智能關鍵核心技術牢牢掌握在自己手裏。要強化科技應用開發，緊緊圍繞經濟社會發展需求，充分發揮我國海量數據和巨大市場應用規模優勢，堅持需求導向、市場倒逼的科技發展路徑，積極培育人工智能創新產品和服務，推進人工智能技術產業化，形成科技創新和產業應用互相促進的良好發展局面。要加強人才隊伍建設，以更大的決心、更有力的措施，打造多種形式的高層次人才培養平台，加強後備人才培養力度，為科技和產業發展提供更加充分的人才支撐。」[9]

2019年8月9-11日在廣東省東莞舉行的華為全球開發者大會上，華為發佈了全球首個跨終端和平台的鴻蒙操作系統以及榮耀智慧屏，華為同時還發佈了全球產業展望2025十大趨勢，華為指出：

「智能世界正在加速而來、觸手可及、並預測到2025年，智能技術將滲透到每個人、每個家庭、每個組織，全球58%的人口將享有5G網絡，14%的家庭擁有機械人管家，97%的大企業採用AI。」

華為表示：「自動化和機械人，特別是人工智能機械人，正在改變我們的生活和工作方式，他們可以從事處理高危險、高重覆和高精度的工作，無需休息，也不會犯錯，將極大提高生產力和安全性。智能自動化將在建築業、醫療健康等領域中廣泛應用。2025年，每萬名製造業員工將與

103個機械人共同工作。」

「此外，隨着材料科學、感知人工智能以及5G、雲等網絡技術的不斷進步，將出現護理機械人、仿生機械人、社交機械人、管家機械人等形態豐富的機械人，湧現在家政、教育、健康服務業。2025年全球14%的家庭將擁有自己的機械人管家。」[10]

讓我們再看遠一點，去了解一下現今人類正面臨的新人工智能以及量子生物學等。

例如：新一代AI已可以依賴人工神經網絡 (ANN) 來模仿大腦的運作方式，幫助AI學習、識別語言、視覺影像，讓兩個AI機械人可以互相競爭學習等。創辦PayPal、 Tasla 、SpaceX等企業的馬斯克，2019年7月16日宣布，「**正研究向人腦植入晶片，解讀腦部訊號，讓人腦與手機等電子設備連接，不但有助癱瘓人士控制電子裝置，以便與外界溝通，長遠甚至可讓一般人借助電腦的運算能力，增強智力。**」[11] 他們的植入晶片企業Neuralink，早前已在動物身上進行實驗，預料最快明年第二季開始，測試向人腦安裝晶片。這種腦機介面的技術，還在初創階段其安全度成疑，假如不解決好其安全問題，會造成難以預計的後果；而這種技術所帶來的道德問題，也不容易解決。

再舉個量子生物學的例子：

「在有生之年，我們十有八九會見證一個量子時代到來。那個時候，人類可以從激光驅動的核聚變中獲得近於無限的電能；分子級別的人造機器會在工程、生化及醫藥領域幫助人類完成大量的任務；量

子計算機將開始提供人工智能；從前只在科幻作品中出現的遠距傳物技術將很有可能成為信息傳遞的常規方式。發端於20世紀的量子革命將在21世紀持續加速，以不可想像的方式改變我們的生活。」 (12)

從這個例子，我們可以看到，我們還能夠利用量子生物學的手段，了解植物葉綠素怎樣捕捉光量子（photon），然後再通過一種機制效應，將其轉變成能催化光合作用的機理，那麼其所能帶來的影響和應用範圍將是無可限量和具革命性的突破。人類未來在這方面的進化和發展，讓我們拭目以待吧！但我相信，其成功是可期的，影響肯定會是非常巨大的，這些巨大的發展無疑將會推動人類的命運和人類社會，進入第五次工業革命。

小結

互聯網、大數據、AI等科技的高速發展，的確為人類命運的演進，帶來了許多新的正面及負面的影響和問題，亟待我們理性的去思考，尋求最好和最理想的共識、辦法、方案，以及採取最有效的舉措，予以解決。這裏我試舉一兩個例子，來說明一下中國的有關行業在這方面是怎樣想的。

譬如，有關信息化和人工智能方面的發展，雖然大家清楚知道，他們在推動社會進步和經濟騰飛方面，都作出了巨大的貢獻；但同時又無可否認，也帶來了許多有關隱私泄露、信息安全、信息資料被濫用、信息暴力井噴等社會倫理問題。騰訊主席馬化騰建議，我們應盡快把「強化科技倫理制度化建設」搞好，讓有關科技「向善」和「負責任」的方向發展。

「馬化騰認為，負責任的數字是要共同探索和構建時代正確的價值理念、社會責任和行為規範，共建一個健康包容、可信賴、可持續的智慧社會。負責任的數字化要用新型的數字化技術助力公益、教育、民生等方面，讓數字化便利超越時間、空間的局限，更好地造福人類。」(12)

在同一訪問中，他還指出：「國家創新驅動發展戰略、數字中國建設、數字時代的商業競爭都離不開科技倫理，發揮科技倫理在科技創新中的調節、引導和規範作用，才能促使科技活動朝着更有利於人類的方向發展。具體而言，應加強科技倫理的制度化建設，國家層面可以引導和規範新技術應用，行業主管部門可與行業主體、學術團體、社會公眾等利益相關方合作，制訂相關倫理準則，並支持行業自律，包括建立倫理審查制度、成立自律組織、制定行業標準等；國際層面則可積極參與國際標準、規則制定、推動新技術領域的全球治理，加快研究解決數據、人工智能、基因編輯等新興領域的法律及規則等問題，如在數據規則方面，應進一步完善數據治理的頂層設計，建立數據收集、利用與保護的基本規則秩序，防範並打擊數據濫用行為。」(13)

如今頻頻出現在臉書上的大規模洩密行為；又例如在香港，由於「修例風波」而引發的利用Telegram等軟件技術，在臉書（Facebook）上發放嚴重的失實報導、謠言、假新聞（fake news）、提供大量歪曲事實的所謂「真相」和圖照來助推、蒙騙和搧動香港人進行暴亂活動；並且還經常肆意和無理地用剷除頁面或刪除頁面內容、封號等手段來打擊正義的聲音、封鎖真相、壟斷話

語權、製造各種失實報導和謊言來做各種誤導，詐騙、欺凌各種人和事。(14) 特別是在操弄、欺騙、煽動群眾心理（psychology of crowds）方面。

另一方面，現今大家非常關心的網絡、物聯網的安全問題？怎樣在網上保障個人信息安全？怎樣維護公民在網絡空間的合法權益？都是我們現今還未能妥善解決的難題。

從以上兩個例子，可以見到，馬化騰所建議的，要加強科技倫理的制度化建設的迫切性和重要性。而這一科技倫理制度的建設，我認為，還應盡快在全世界範圍予以落實，使世界上的廣大人民群眾，對互聯網、大數據、AI等新技術的應用，不但有安全感、有信心，而更重要的是還要有獲得感和幸福感!! 簡要地說，就是必須盡快把「互聯網+監管」、「網絡空間命運共同體」以及智能時代倫理，妥善快速地建立起來。

2019年10月20日，習近平在給第六屆世界互聯網大會的賀信中提醒與會者，指出：「**當前，新一輪科技革命和產業變革加速演進，人工智能、大數據、物聯網等新技術新應用新業態方興未艾，互聯網引來了更加強勁的發展動能和更加廣闊的發展空間。發展好、運用好、治理好互聯網，讓互聯網更好地造福人類，是國際社會的共同責任。各國應順應時代潮流，勇擔發展責任，共迎風險挑戰，共同推進網絡空間全球治理，努力推動構建網絡空間命運共同體**」(15)（a community with a shared future in cyberspace）。習近平在賀信中的提醒，對中國及世界互聯網今後的發展，以及人類命運的演進方向，相信都會起到非常重要的作用。

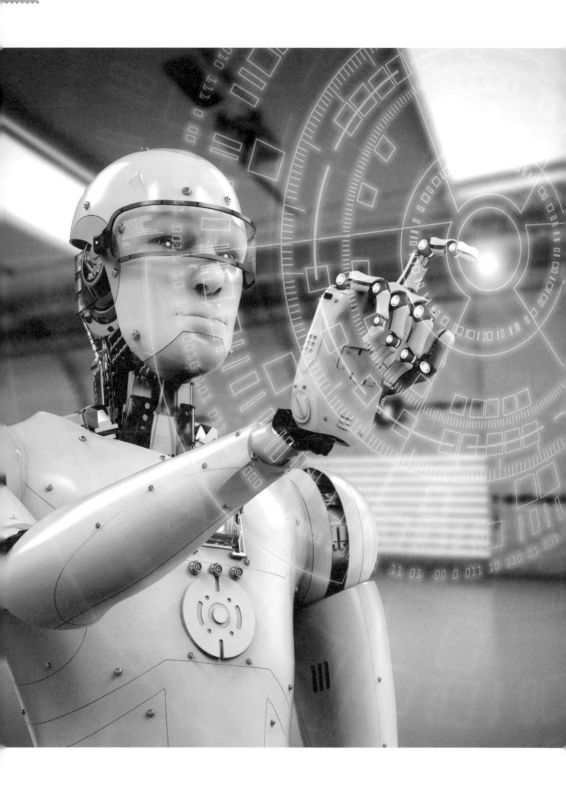

參考資料

(1) 克勞斯·施瓦布（Klaus Schwab）著，*The Fourth Industrial Revolution*，世界經濟論壇北京代表處譯，天下文化書坊出版，2017年，12、20頁。

(2) 張燕主編，《震撼世界的中國》，浙江人民出版社，2017年，79、83、133頁。

(3) 《習近平總書記系列重要講話讀本》，中共中央宣傳部（2016年版），學習出版社、人民出版社，151頁。

(4) 《習近平談治國理政》，外文出版社，2014年，119-120、122頁。

(5) 《人類大命運—從智人到神人》，哈拉瑞著，林俊宏譯，天下文化書坊出版，2017年，442頁。

(6) 李開復、王詠剛著，《人工智慧來了》，天下文化出版，2017年，158，284頁。

(7) 吳軍著，《智能時代──大數據與智能革命重新定義未來》，中信出版集團，2016年，第17，23頁。

(8) 《馬雲：未來已來》，馬雲內部講話3.0，阿里巴巴集團編，天下文化書坊，2017年，30-33頁。

(9) 習近平，在中共中央政治局第九次集體學習時強調，〈加強領導做好規劃明確任務夯實基礎，推動我國新一代人工智能健康發展〉，《人民日報》2018年11月1日1版（2019年7月26日《人民日報》（海外版）。

(10) 《文匯報》，2019年8月11日。

(11) 《文匯報》，2019年7月18日（A17版）。

(12) 吉姆·艾爾-哈利利，約翰喬·麥克法登著，《神秘的量子生命》，侯新智、沈錦傑譯，浙江人民出版社，2016年，011頁。

(13) 《深圳特區報》，〈用最高標準保護用戶隱私〉，2019年7月25日。
《文匯報》，2019年9月16日，A3版。

(14) Gustave le Bon, *The Crowd：A Study of the Popular Mind*，Echo Library，2009年。

(15) 習近平函賀，第六屆世界互聯網大會開幕：〈共建網絡空間命運共同體〉，2019年10月21日，《文匯報》，A14版。

第3章
戰爭與和平對人類命運的影響

「從1840年鴉片戰爭到1949年新中國成立的100多年間，中國社會戰火頻頻、兵燹不斷，內部戰亂和外敵入侵循環發生，給中國人民帶來了不堪回首的苦難。僅日本軍國主義發動的侵華戰爭，就造成了中國軍民傷亡3500多萬人的人間慘劇。這段悲慘的歷史，給中國人留下了刻骨銘心的記憶。中國人歷來講求『己所不欲，勿施於人』。中國需要和平，就像人需要空氣一樣，就像萬物生長需要陽光一樣。只有堅持走和平發展道路，只有同世界各國一道維護世界和平，中國才能實現自己的目標，才能為世界作出更大貢獻。」[1]

很明顯的，只有世界和平人類才能長期地生存和繁衍下去。但很可惜的是「**樹要靜，而風不止**」。當今世界的潮流是要求「**和平、發展、合作、共贏**」，但像美國、日本等國家卻在逆潮流而行，反對以上的做法，而仍然選擇滿足（或受制於）軍火商和軍工業的需求和貪婪（greed），而在走殖民主義、霸權主義、強權政治的老路，而不走和平發展的道路！究其原因，我試圖從人類命運演化的歷史角度去尋找有關的答案。

美國、日本等國家為什麼要稱霸？

因為他們錯誤地理解「弱肉強食」和「適者生存」的原意。譬如美國和日本的政治領導人，就錯誤地把達爾文進化論所顯示的有些動物在進化的過程中，會出現「弱肉強食」的現象來達到他們的政治目的。但事實上，

「弱肉強食」這一現象也只在極少數、極少數的動物出現。大多數的動物都不會採用這種方法求生存，而也可以非常成功地在地球上面與惡劣的環境「鬥爭」，而長期的生存和繁衍下去。這說明「弱肉強食」並非是最成功的讓動物能夠生存和繁衍下去的方法。而事實上，現今有許多資料顯示，採用「弱肉強食」來覓食的動物是很容易走上滅絕之路的。因為賴以讓這些強悍（而覓食方法單一和簡單）的動物能夠生存下去的被獵殺的動物，可能因為被過度的獵殺（或未能適應環境的變化）而數量愈來愈少或滅絕（用生物學的說法，就是供應鏈或食物鏈（food chain）會被斬斷）。這種由於供應或生態鏈斷裂而引起的物種的滅絕在生物界非常普遍。所以從「適者生存」的角度來看，「弱肉強食」並不是生物進化過程中一種很成功的方法。其他毋須採用這種方法，而採用更優越的方法（如與其他動物〔或環境〕相適應及和平共處等）的例子多得很。

另一方面必須指出，一般的來說，一些只能依靠「弱肉強食」來生存的動物所擁有的具攻擊性和暴力性的本能（instinct）只是低等動物才需要，而當人類進化至智人時，這種具攻擊性和暴力性的屬性及其所呈現的行為，已可以被智人大腦的皮質層所產生的控制能力限制和掌控（從現代人的語言來說，就是已懂得可以用理性思維、法律和道德來加以規範）。因為在進化過程中，（特別在後智人階段）其中智人的一個最主要特徵 — 大腦，已經能夠有效地影響和控制（control and affect）純動物性的許多本能（pure animal traits or instinct）（見圖3）。

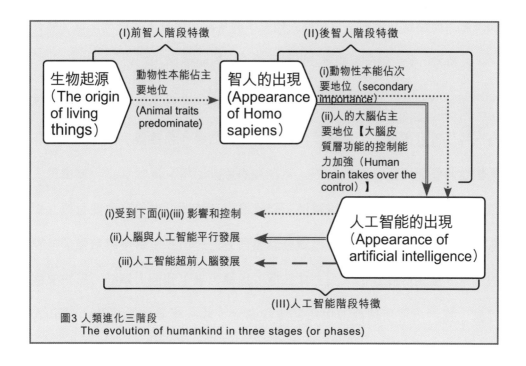

圖3 人類進化三階段
The evolution of humankind in three stages (or phases)

所以把「弱肉強食」引伸至人類，説成是重要的人類屬性，是違反進化論所呈現的事實的；是一些別有用心的政治人物用來打壓和侵略他人的一種違反人道的非法手段和不道德行為（unethical behaviour）。但值得遺憾的是像美國和日本現今的領導人，還在用「弱肉強食」這種霸權和軍國主義的思維來打壓其他國家，例如用軍事力量來圍堵和壓制中國的發展。而更可悲的是，這些政治領導人都是通過所謂的自由民主的選舉方式選舉出來的；而西方的這種選舉制度的缺陷和不理性所顯現出來的行為，把存在低等動物〔為了要保護自己（self-protection）〕的自私自利行為（instinctive and selfish behaviour）加以延伸至或強加於人類！而這些自私自利的屬低等動物的本能，很遺憾的確也很容易被一些不懷好意的政治野心家所利用

和洗腦，而達到其破壞和平和反人類進步的目的。這是人類可悲之處。換言之，人類進化至今似乎都還無法消除這種人類的弱點。

更可笑的是，這些別有用心的政治領導還把「弱肉強食」的理念宣傳為一種「普世價值」，還把他們自己吹捧（通過各種宣傳手法和手段，包括製造假新聞（fake news）、造謠和蠱惑人心等）成救世主、自由民主鬥士和人權的維護者來欺騙選民，並且還要將這種既虛偽且浪費金錢〔這些錢更應該放在支持民生和經濟發展方面〕的所謂民主選舉遊戲強加於別的國家，讓別的國家的人民去「品嚐」這種苦果！我們人類必須盡快清醒過來，抵制這種所謂西方民主國家的政治人物在玩弄的骯髒政治（dirty politics）。如果人類擺脫不了被這種政治人物玩弄在股掌之中，那麼人類將會進入滅亡的死胡同，這是可以預期的！真是悲哉！悲哉！

另一方面，還有一些政治和宗教偏激分子，也在利用「**弱肉強食**」的概念在搞各種恐怖活動。從人類進化的角度來衡量，這些恐怖分子的所作所為也只是一種低等動物的性狀的表現，與由於進化而使人類可以擺脫這些性狀，而能用更開放的心態去適應各種不同的環境以及容忍不同的意見、信仰和意識形態的態度是背道而馳的。這說明，如果人類命運要保持能夠繼續演化進步，那麼人類必須想方設法消除仇恨，消除這種極端主義所帶來的禍害。而要解決這一問題，唯一的辦法就是人類必須學會能夠和平共處。

早在1953年中國就已經提出要用「和平共處五項原則」（即，互相尊重主權和領土完整、互不侵犯、互不干涉內政、平等互利、和平共處）

來解決國與國之間關係的準則；而這五項準則，在現今世界上已得到廣泛的承認和使用。[2]

習近平近期更進一步指出：人類必須「要跟上時代前進步伐，就不能身體已進入21世紀，而腦袋還停留在過去，停留在殖民擴張的舊時代裏，停留在冷戰思維、零和博弈的老框框內。」「面對世界多極化、經濟全球化深入發展和文化多樣化、社會信息化持續推進，今天的人類，比以往任何時候都更有條件朝和平與發展的目標邁進，而合作共贏就是實現這一目標的現實途徑。」[3]

不過，我們同時也必須看到「世界仍很不安寧，人類依然面臨着諸多難題和挑戰。國際金融危機影響深遠，世界經濟增長不穩定不確定因素增多，全球發展不平衡加劇。地緣政治因素更加突出，局部動盪此起彼伏，霸權主義、強權政治和新干涉主義有所上升，非傳統安全性挑戰不斷增多，維護世界和平、促進共同發展依然任重道遠。」[3]

無可否認，人類命運的演進正面臨着複雜多變的形勢和從各方面結集而來的強勁挑戰。但如果人類能夠依循中國所創導的發展的主題：「和平、發展、合作、共贏」的道路走下去，人類的光明前途是可以得到保證的。而現今已有：

「一大批新興市場國家和發展中國家走上發展的快車道，十幾億、幾十億人口正在加速走向現代化，多個發展中心在世界各地區逐

漸形成，國際力量對比繼續朝着有利於世界和平與發展的方向發展。保持國際形勢總體穩定、促進各國共同發展具備更多有利條件。」⁽³⁾

可惜現今世界上還有許多人不理解（有少數人根本就不想理解）：

「中國走和平發展道路，不是權宜之計，更不是外交辭令，而是從歷史、現實、未來的客觀判斷中得出的結論，是思想自信和實踐自覺的有機統一。」⁽³⁾「中華民族曾遭到列強長期侵略和欺凌，但中國人民從中學到不是弱肉強食的強盜邏輯，而是更加堅定了維護和平的決心。」⁽³⁾

在現今「經濟全球化、社會信息化極大解放和發展了社會生產力，創造了前所未有的發展機遇」⁽³⁾，這對人類命運的演化朝着進一步提升的階梯前進是必然的趨勢。正如2015年9月，習近平在聯合國大會辯論時所指出的：「當今世界，各國相互依存、休戚與共。我們要繼承和弘揚聯合國憲章的宗旨和原則，構建以合作共贏為核心的新型國際關係，打造人類命運共同體。」⁽³⁾

中國外交部長王毅在第七十二屆聯合國大會一般性辯論上演講時表示：

「中國是世界和平的『穩定錨』。13億多人口的中國長期保持穩定，是對世界和平事業的重大貢獻。中國沒有侵略他人的基因，也沒有殖民掠奪的記錄。正如習近平主席鄭重宣示：無論中國發展到哪一步，中國永不稱霸、永不擴張、永不謀求勢力範圍。中國在安理會的一票始終投向和平一邊。」⁽⁴⁾

換言之，的確如習近平在過往一再強調的：

「幾十年來，中國始終堅持獨立自主的和平外交政策，始終強調
中國外交政策的宗旨是維護世界和平、促進共同發展。中國多次公開
宣示，中國反對各種形式的霸權主義和強權政治，不干涉別國內政，
永遠不稱霸，永遠不搞擴張。我們在政策上是這樣規定的、制度上是
這樣設計的，在實踐中更是一直這樣做的。當然，中國將堅定不移維
護自己的主權、安全、發展利益，任何國家都不要指望我們會吞下損
害中國主權、安全、發展利益的苦果。」 (1)

相信大家都看過托爾斯泰（Tolstoy）所寫的《戰爭與和平》一書，
或看過這齣電影，應該清楚理解到戰爭的殘酷根本不是人類解決紛爭的好
辦法。和平才是人類演化需要追求的目的；和平共處才是人類得以生存和
繁衍下去的唯一法寶。

最後值得指出的是，現今西方國家，經常喜歡用他們的所謂人權概念
和標準，作為幌子來打壓中國，使中國難以和他們和平相處。中國的人權
發展道路與西方不一樣，中國首先堅持把生存權、發展權置於人權發展的
首要位置，因為實踐證明，這是一個經濟發展比較落後、人口眾多的發展
中國家（如中國），在推進人權的發展，最為理性和正確的做法 [註：詳細
的做法，見2019年9月22日中國發表的《白皮書》(5)]。因為只有這樣，我認為才
能保證中國（或任何一個發展中國家），能夠有一個和平的環境來搞建
設，讓發展成果可以公平地惠及全體人民，增進人民的福祉，同時提供足

夠條件給人民可以有尊嚴地發展自我。而西方的人權發展道路，則與爭取宗教信仰自由、追求個人主義、個人利益、保障個人的安全為目的，而忽視群體的權利、安全、生活保障和利益。而我認為，只有等到人類意識到，各自的關心在短期內是難以解決，而只能用相互包容的態度予以處理，那麼人類命運的進化才能有所保證，人類命運共同體才能夠穩妥地構建起來。

2019年10月21日，在給第九屆北京香山論壇的賀信中，習近平指出：**「和平是人類永恒期望。中國堅持以對話促合作、以合作促和平、以和平保發展」**[6]。而中國擁有軍隊的目的，是要來維護各地區持久和平安寧。在會上，魏鳳和國防部長，進一步強調指出：**「進入新時代，中國軍隊始終持走和平發展道路，堅定奉行防禦性國防政策，堅決捍衛國家主權、安全、發展利益，積極服務構建人類命運共同體」**[6]。扼要地可以這樣說，以上習近平和魏鳳和的話，就是中國對和平的基本看法。這對推動世界和平的進程，對驅動人類命運的進化路程，都有積極意義和重要作用。

參考資料

(1) 習近平，《談治國理政》，外文出版社，2014年，266、267頁。

(2) 《鄧小平文選》第三卷，人民出版社，1993年，390頁。

(3) 《習近平總書記系列重要講話讀本》，中共中央宣傳部（2016年版），學習出版社、人民出版社，261、263、264頁。

(4) 《澳門日報》，2017年9月23日報導（A5要聞）。

(5) 《為人民謀幸福：新中國人權事業發展70年》白皮書，2019年9月22日。

(6) 習近平，2019年10月21日，給第九屆北京香山論壇：〈面對安全威脅各國要緊密團結〉的賀信，《文匯報》，2019年10月22日，A9版。

第4章
宗教和信仰對人類命運演化的影響

　　當猿人演化成真正的所謂人（即智人，Homo sapiens），是需要經過很長的一段時間的演化。在這演化過程中的猿人及其後代（下面簡稱為原始人類），需要力求能夠：（1）在非常複雜嚴酷（harsh）的陸地的環境中（terrestrial environment）生存下來（survive），以及（2）不斷的世代繁衍下去（reproduce）。在這漫長的演化或進化過程中，原始人類逐漸地脫離了純動物（animal traits）的屬性和範疇 [不過沒有全部脫離，例如：仍保留動物的攻擊性（aggressiveness traits）和性方面的慾念的衝動（sex urge）等]。原始人類之所以能夠擺脫許許多多純動物性的屬性或特徵，是由於人類在與複雜多變和極其不友善（unfriendly）的自然環境的不斷抗爭（combat and fight）和適應（adapt）的過程中作出了變化。譬如人類的四肢愈來愈發達、靈敏和靈活；而更為重要的是人類的頭腦也愈來愈發達，而且大腦（cerebrum）更具有了超強的思維和分析能力（ability to think and analyze）以及個體與個體之間和與群體之間，又能高效地利用相互理解（understand）和表達（express）的複雜的語言和書寫的能力來溝通（communicate）和傳承等。這些在其他動物並不存在或與其他動物是完全無法比擬的。這就是為什麼在生物分類學，人類被視作為「最高等動物」。

　　由於生存和繁衍能得到保障，原始人類便慢慢出現群居現象，即開始懂得怎樣以群居的形式來展開生活、活動和鞏固其生存及繁衍的能力。

這樣，群居的好處和必要性便愈來愈被原始人認同，並逐漸穩定和固化（more stable and fixed）下來；之後，逐漸再由群居進入了更具結構化（structural）的氏族組織的「氏族社會」發展階段。

一開始，氏族社會以婦女為中心，形成母系社會。母系社會在中國大概一路延續至「仰韶文化」發展後期才結束。之後進入「龍山文化」時期，在這時期男子便開始擔當起更為重的角色，形成父系氏族公社，建立了「父系氏族社會」。男子逐漸取代了婦女為中心的地位，而在鋤耕農業漸漸興起的階段，更佔據了一定的領導地位，慢慢取代了狩獵和捕魚為主的這種群居生活和經濟發展形式。

在以上所描述的這一階段的人類的演化中，人類與神有什麼關係？

由原始人演化到農業社會階段的人，都有崇拜神靈的記錄。最初，原始人的認識是，他們相信與他們接觸的萬物都是有靈性（或靈魂）的，並可以與他們溝通和互動（interact）。因此，原始人類會針對所狩獵的動物為溝通對象，將其心中的喜和憂等的感受和動物進行單向的溝通，進而慢慢形成一種崇拜動物的心理和做出各種具體的單方面的敬畏性的崇拜活動。之後，進入農業社會，由於人類對農作物的收成的關注，開始對作物也予以崇拜。再由於作物的收成，直接或間接受制於天體的變化和土地等因素的影響，因此，他們認為作物、天體、土地等都有靈性，也應予以崇拜以表示尊敬、畏懼等，目的是確保作物有好收成，或祈求神靈保佑豐收。用抽象一點的語言來概括，即是對未知的東西（unknown）或無法預知（unpredictable）的東西的一種心理在作祟。

而這種心理，人類直至演化到現今還起着作用！換言之，人類命運的進化，並沒有或似乎無法擺脫這種心理狀態；而這種心理狀態對於人類在以後發展的方方面面，都起着一定的影響和作用。這是很重要的一點需要記住的。

當原始人類認為在食方面，他們可以得到神靈的一定保障之後，他們仍然非常擔憂另外一件事，那就是：怎樣可以保障他們能夠平安地代代繁衍下去。因此，他們對生殖也作出崇拜（通常以崇拜生殖器為目標），希望通過這樣的方式確保繁衍下一代可以順利進行和如願。

在原始人類發展的階段，崇拜可以隨時隨地通過各自的方式自由地進行。這種形式在中國現在仍然盛行！如拜祭關公、拜祭財神、土地等。之後，過渡到有專門化的人來負責與神靈溝通；這樣就有了巫術的出現，而能夠懂得怎樣去操作巫術和祭祀的人，便成了祭司或巫師。這樣神靈便被這些祭司或巫師進一步的神化和神秘化，而神靈的所謂明示和幫助，也就只能讓這些巫師們來解釋，而巫師便也就成了一批具有特殊知識、技能懂得替神明傳話的壟斷階層 [註：巫師的出現，具體一點來說，很大機會可能是由於這些所謂巫師的人，特別會「演戲」或懂得吃一些會產生幻覺的植物（hallucinogenic plants）進入一種「中邪」或「鬼上身」的狀態，去欺騙人]。下面我引用啟良 [1] 的話，再說明一下這一問題，他說：

　　「巫術在先民社會極其重要，而且其掌握和運用亦非易事，故

　　巫在當時享有較高的社會地位。關於這一點，大量的人類學材料給

　　予了充分的說明。一般情況下，巫既是部族裏最有學問的人，也是

　　最具有權威的人。即是說，巫同時也是部族酋長。這是初民社會的

政教合一，是典型的神權統治。部落酋長的意志也就是神的意志」。[1]

然而，在「中國的遠古時代，雖然夏商兩代（甚至包括其後的周代）同樣為神權國家，但王權與神權卻是合一的，從來沒有產生出獨立於王權的祭司階層，更遑論祭司們可以享有特權，或由之而形成一種獨立的社會力量。也就是說，其他的古代文明民族都有過從部落政教合一向政教分立的過渡。而中國的先民卻沒有經過這樣的變革。夏商以降，雖然國家形態得以產生和完善，但卻仍然保持着部落社會的政教關係。」[1]

由於中國在巫術盛行的時代，並沒有出現政教分離的現象，因此我認為這一因素對以後中國沒有出現宗教，從客觀上來講，可能是起到一定的或某些作用的。

中國沒有出現宗教的原因：
一、政教沒有分離

上面已經提到過，由於中國沒有出現政教分離，因此導致宗教在中國沒有獨立發展起來的土壤。下面我再試講得透徹一些。

在氏族發展階段，當男人逐漸從狩獵和捕魚轉化為農業耕作和開始從事複雜的手工藝和製作陶器等，男人和女人的地位便有所轉變，男子開始佔據了氏族的主導地位。隨著一夫一妻關係的逐漸確立，家庭的血緣關係和由男性後代繼承的概念開始形成，因此導致私有制的建立。氏族首領等貴族佔有了更多財富和主宰了更多權利，漸漸便形成尊卑等級和貧富現象，促使氏族

建立起許多人口較為眾多和不同勢力的部落或族群。有些部落強大了起來，或出現一些能造福人們的戰鬥英雄和領袖等；同時又形成了許多部落聯盟，再進而形成邦國，之後這些邦國再匯聚起來，在中國便形成了中華民族以及多民族的這樣一個共同體。大約在五千多年前，在中國出現的邦國「**以先進的農業和青銅技術堪稱強勢的夏族、商族和周族，最先邁進國家之門，在黃河中下游演繹了長達千年的群雄逐鹿的戰爭。**」[2]

相傳在公元前2070年，中國歷史上才出現第一個國家，即夏朝的建立。但在這階段夏朝國王的權力還無法全面地建立起來，仍受其他同姓氏族部落或異姓氏族部落的束縛。直至商朝和周朝以王權和神權合一的體制建立起來後，他們的權力才得到鞏固，並且不斷膨脹，還懂得利用神權（以獸骨占卜凶吉等）規範及祭祀等儀節來進一步鞏固權力。由於商王本人具有神權和王權的雙重身份，因此並沒有出現有關「宗教亂政」的現象。

這樣商王便依靠他自己認為擁有神權的力量治理國家。因為殷商之人對神的看法，主要還停留在「天人合一」之觀念，「即神人共處、神人合一、神人交感」的「自然宗教層面上的天人觀」[1]。但到了公元前1046年，商被周所滅，建立了周朝。周朝強調宗親血緣關係，將土地進行大規模的分封給大小不一的諸侯國。

「這種分封制與歐洲中世紀的封建制度有近似之處，諸侯國要對周王承擔鎮守疆土、出兵勤王、交納貢賦等義務。周王室還通過與異姓諸侯聯姻，將所有貴族納入宗親的範圍中，加強周王室的政

治勢力。」周王還利用「宗法制度，嚴格確立從國家到每個家族內的嫡庶、長幼、尊卑之序。」[2]

因為「周王親眼看到天神並沒有為商朝保住國家社稷，不再相信神權政治。於是周朝創立了嶄新的體制化、等級嚴密的社會秩序來規範和治理國家，以確保王權至上的地位」[2]。其結果是王權得到有效集中，同時為了鞏固其周王集權的國家架構，周朝建立了一套頗為成熟的「貴族王朝體制和社會秩序」，使之能夠延長達八百年。而包括在這一體制和社會秩序內重要的一個組成部分，便是保留了祭祀祖先的傳統。商周兩朝都重視祭祖，但周王與商王不一樣，他利用血緣和祖宗的血緣關係，進一步來鞏固其地位和統治權力。他認為有「血緣和祭祖」這兩種法寶已經足夠了，而無須再去祭祀宗親之外的什麼神。因此中國的宗教便被圍困和局限在祭祀祖宗和敬拜祖先的範疇之內，這樣就從客觀上限制了像西方那種純宗教的出現。另一方面，周公又把對神的看法予以政治化，使其把關注點盡量集中在「**如何管理社會、控制臣民。**」[1] 而非朝着「**把世界萬物做一客體來思考，更無尋求世界秩序及原因的思想祈向。**」[1] 換言之，周公對神的看法是具有實用意義的，是朝怎樣治理好國家的角度去考慮，而沒有延伸至超越治理好國家的範疇。用現代的語言來說，就是不懂得或根本沒有興趣或沒有必要和意義去作任何箱外方面的思考（think out of the box）。

二、重用賢能漠視神的作用

上面已提過，在公元前兩千多年時，原始氏族社會逐漸瓦解，其中有些氏族部落形成聯盟，其大首領從推選制開始，最後被王位世襲制代替。「**傳説中**

的堯、舜『禪讓』，是我國古代歷史上最有名的一次推選出來的部落聯盟的大首領。在這以後，『禪讓』制度就被從夏禹開始的傳子制度所取代。」[3]

這些聯盟的大首領擁有權祭天。而商王更廣泛地利用鬼神來鞏固其統治地位。「商王和貴族奴隸主是最迷信鬼神的，不論有什麼疑難的事都要用甲或骨來占卜，占卜後就在上面刻寫下占卜情況的文字〔通稱為「甲骨文」〕。」「從甲骨文中就可以明白地看出：商王和貴族奴隸主還把奴隸當做牲口屠殺來祭祀天帝和祖先。」[3]

到了周朝，經過幾代的努力逐漸形成了一個頗具規模的「國家」。特別是周文王，是一個很有能力和思想的政治家。他除了懂得治理之外，還很會利用賢能人才輔佐他治理國家。而最有名望的一位賢能，便是姜太公。姜太公輔佐文王勵精圖治，使周愈來愈強大和富有。相傳後來，文王的兒子周武王推翻了殷商，建立了周朝。而周武王的弟弟因輔助武王滅商，立有大功。但相傳：

　　「武王滅商後二年病死，武王的兒子成王年幼，由周公代行國政。」

　　「周公攝政七年，還政成王。據歷史所記，西周初年，經過武王、周公這一時期，到了成王和他的兒子康王時代，幾十年間，天下太平，政治、經濟、文化不斷發展，西周的國力，這時最為強盛。」「在這幾十年間，周公依據周國原有的制度，參酌殷法，定出了一套設官分職用人的辦法和區分君臣、父子、兄弟、夫婦、上下、親疏、尊卑、貴賤的各種禮儀。」[3]

　　周公對商朝的文化，予以吸收融合，而最重要的一點是上面已經提過，排除了殷商崇向神鬼的做法；而這對以後中國文化沒有進一步演化出宗教，是重要的原因之一。

　　但在這裏需要指出的是，在春秋時期，周朝諸侯的力量變得強大，逐漸使周王室無法再有效地控制諸侯。諸侯之間因此經年地交戰吞併，最後剩下了秦、齊、楚、燕、韓、趙、魏七個強國。之後，進入戰國時期，這七國之間戰事頻繁，直到公元前221年秦始皇才把他們統一起來。在這春秋戰國頗長的一段時間內，由於七國的不斷互相爭戰和試圖稱霸，因此各國的統治者不但需要軍隊，而更重要的是要有賢能來輔佐。由於這種客觀環境的出現，許多賢能謀臣、名將便被各國發掘出來，協助王者勵精圖治、稱霸中原。比較出名的有：齊國的管仲；鄭國的子產；吳國的孫武；秦國的百里奚、蹇叔，之後有商鞅；魏國的西門豹、李悝、樂羊；韓國的申不害；楚國的吳起；燕國的樂毅等。其次，還有蘇秦，張儀等極具才幹的遊說和辯才家。這反映了在這一時期，中國出現了一批知識分子──「士」階層，由於他們能輔佐王者，而又具有高超的政治活動能力，因此，中國開始重視和建立起一種獨特的依靠有才能的人來治理國家的局面。由於「士」的階層的興起以及依靠賢能的人治理國政的出現，王者因此就無需再依靠什麼神明或拜祀神鬼來鞏固和開拓他們的疆域和實現他們的霸業，而只需依靠人來治理，其特徵表現在：

　　「（1）首先是必須要由具才能的知識分子才能治理國家；（2）必須要有一套好的和有效的治理國家的方法；（3）在治理的背後要

有一套可行和可依循的典章制度和思想體系。這就是為什麼在這一時期會湧現出如此多的所謂諸子百家（即思想家和各種不同學派）。」[3]

用現代的言語來説，是因為客觀上出現了一種需求關係（supply and demand）、風氣（atmosphere）和潮流（trend）。在這一諸子紛起，百家爭鳴的時期，依靠人來治理國家的意識得到進一步鞏固，而對神鬼的需求從統治者來説則完全可以被拋棄。這樣「人」勝過「神」的主導地位便間接地建立了起來。〔註：哈拉瑞在他所著的《人類大命運──從智人到神人》一書中所想像的情況，其實在中國早已實現了，即：智人已可代替神；也就是説，中國早已做到：從「智人到神人」的階段，而並不需要等到數字化時代（digital age) 的來臨。〕在《論語》中先進篇第十一記載了孔子這樣一段話：

> 「季路問事鬼神。子曰：『未能事人，焉能事鬼？』
>
> 曰：『敢問死。』
>
> 曰：『未知生，焉知死？』」

從這一段話可以看出，在這一個時代的知識分子對鬼神的基本觀點和想法。即是説，他們似乎不反對神鬼之説，也不反對拜祭神鬼，但他們認為這些都不會影響治理好國家或與治理好國家有關。《論語》述而篇第七，還記載了孔子在這方面的態度：「子不語：怪、力、亂、神。」這從一個側面很好的反映春秋戰國時代，當時的知識分子對談論神，似乎無多大興趣或可以説完全不重視。

公元前221年秦統一全國，因採用了商鞅的法治觀和措施，成功地使秦能夠統一全國。秦始皇加強了中央集權國家的統治，並確立了中央集權

的政治和法治制度，使秦始皇變成了至高無上的統治者。他廢除和銷毀許多舊思想，而卜筮之術也只被限制在民間流行，而未能被納入秦朝的政治制度之內，秦朝所採用的法治制度，更容不了神和神權的存在。

公元202年漢推翻了秦，人民開始可以安居樂業，社會也富庶了起來。「漢高祖劉邦有一次對人說：『出謀劃策，決勝千里，我不如張良；安撫百姓，籌謀糧餉，我不如蕭何；帶着百萬大軍，攻必勝，戰必取，我不如韓信。這三個人，都是人傑啊！』」 (1) 可見漢朝時對知識分子和將才都給以崇高的敬仰和信賴。這對人才的尊重和「人治」的看重得到進一步的鞏固。到漢武帝時，更重用了儒家董仲舒，採用了「罷黜百家，尊崇儒術」的維護封建統治的準則和辦法。同時，漢武帝還建議設立太學，專門用來培養為地主階級服務的儒生。「從此以後，儒家學說便處於優越的地位，逐漸發展成為兩千多年來封建社會的正統思想。」 (3) 而漢武帝自己雖迷信求仙，但他並沒有將這些迷信推廣到其他方面，就像秦始皇一樣，只是希望自己能夠長生不老。他們自身的迷信，與國家的統治拉不上關係；或者可以這樣說，像秦始皇和漢武帝這樣的皇帝，他們可能認為求仙等事是他們皇帝的專利，其他的人是無權分享他們這種特權的。

但從秦漢我們可以清楚地看到，依靠人治理政在統治的角度來看，都是佔着主導的地位，而神的是否存在對統治者來說是完全不重要的，特別是對儒家的統治階層來說。由於神的地位在秦漢無法建立起來，因此之後的中國歷代也就都無法建立任何與神或宗教有關之事。而從中國以外傳入中國的宗教，如佛

教、伊斯蘭教和基督教也都無法排除和消滅中華民族所建立的根深蒂固的無需宗教信仰，以及人比神重要的傳統和鬆散的信仰文化特徵和屬性。中國的知識分子，歷來都知道神是「虛」的東西，解決不了任何實際問題。

三、外來宗教無法佔主導地位

由於中國人對神的專注度和虔誠度比較鬆散，因此外來的宗教信仰便難以在中國建立起至高無上的權威和控制。

「在西方，天命之命，可能還具有一個中國所沒有的面向，即上帝對人的道德命令。在超絕的人神關係底下，倫理只是上帝外在地定給人的戒律：『我賜給你們一條新命令，乃是叫你們彼此相愛。』（《約翰福音》，13章34節）執行這些命令和戒律，未必合於人意，而且上帝也並不顧惜人意。因為人是有原罪的、人心是邪惡的，只能等待救贖。所以，人只能悉聽上帝的道德戒律，才能知道善惡，懂得該做什麼、不該做什麼：『愛神的，也當愛弟兄，這是我們從神所受的命令』，『親愛的弟兄啊，我們應當彼此相愛。因為愛是從神來的。凡有愛心的，都是由神而生並且認識神』（《約翰一書》1章20、7節）。」

「在中國則不如此。天命固然是不可抗拒的，所以孔子說『生死有命，富貴在天』（《論語·顏淵》），要人畏天命（《論語·季氏》）；同時又提出要；『知天命』，說『不知命無以為君子』（《論語·堯曰》）。這『知命』看起來與『認識神』相仿，實則不同。因為知天命是要靠人的學習和實踐，通過人事，力求去了

解、去溝通着在冥冥之中支配着人的命運的至上力量，從而去積極地順應它，而不是消極地聽從天由命或奉行誡命。其次，又須法天。所謂『唯天為大，為堯則之』（《論語‧泰伯》），則之，效法天，天有何可以效法之處？這就要靠人體會了。或體會出『天行健，君子以自強不息』。或體會出『上天有好生之德』，或體會出『天大地大人亦大』、『天法道，道法自然』。這些健、仁、生、自然等等倫理德目，非上天之命令，而是人『上體提天心』所得，故其實非規定的，亦非從神受令。因此，接受神的誡命的人，只能是神的僕人；上體天心的人卻能『以德配天』，使自己成為天，如後來孟子所說的，『盡其心者知其性，知其性者則知天矣』（《孟子‧盡心上》）。以人心體天心，以人道證天道，從而以人合天，天道與人德合而為一。在這個意義上，所謂『順天者昌，逆天者亡』（《孟子‧離婁》），中國人的知名順命，當然就不同於西方式的接受上帝之命令。」[4]

此外，從以上一段分析，我們可以看得出，人的演化與神的關係可以有兩種不同的觀點和演化途徑：（1）人能影響神；（2）神是超越自然萬物存在着的，是人類不能影響和超越他的（見圖4.1）。

如孔子所說：「人能弘道，非道弘人」。依照這樣的觀點（即，以上觀點（1）），從人類進化的角度來看，中國所採取的是「人定能勝天」的思路，因此，人類命運的進化是無限制的；而假如我們人類接受了第（2）種觀點，認為人在神面前是無能為力的，那麼人類也就無需也無法

再進化了！換言之，中國人的神論或信仰是開放式的；而其他宗教所顯示的神論或信仰是完全封閉式的，也就是說是逆人類命運進化的。

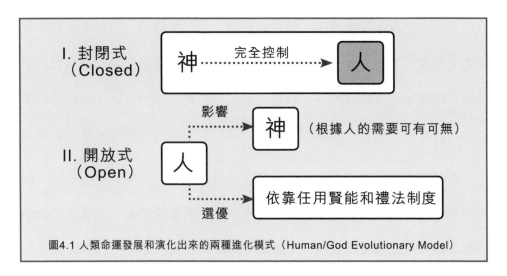

圖4.1 人類命運發展和演化出來的兩種進化模式（Human/God Evolutionary Model）

資本主義世界體系在全球的擴張，「以及對世界其他國家和地區的征服，西歐核心區國家所創造的『歐洲特別的文明』竟逐漸被普遍化，並愈來愈被認為是一種『具有普遍性的文明』。」(4)而歐洲所崇尚的基督教也變成了一種普世價值觀！而事實上這一所謂的「普世價值觀」，從人類命運進化的角度來看，只是一種特殊的文明或叫「宗教文明」，並不是什麼普遍性的文明；是靠迷信或強權或武力不斷的戰爭建立起來的文明！其次，宗教文明之能建立起來和興旺發達，其另一個主要原因是因為宗教可以維護有效統治。在歷史上，宗教的重要性就是，可以讓統治者所建立起來的社會秩序得到鞏固；因為統治者意識到，社會規模（即他們的統治範圍）愈大，結構會愈脆弱，其駕馭力的發展會愈困難。因此，「在歷史上，宗教的重要性就是讓這些脆弱的架構，有了超人類（superhuman）的正當性。有了宗教之

後，就能說律法並不只是人類自己的設計和想像，而是來自一種絕對神聖的最高權柄。」⁽⁵⁾而用這種「絕對神聖的最高權柄」（即神）來維護統治的現象在中國卻沒有出現，這主要原因上面已經講過，因為中國的早期統治者發覺「人治」比「神治」來治理國家更為有效，而特別是到周朝更懂得用禮儀等制度進行約束、規範和建立價值觀來統治臣民，而無需利用宗教所建立的一種超人類的神來規範及建立有關的價值觀體系管治臣民。

但宗教之所以能夠成功地在人類命運演化過程中佔有重要的地位，除了規範和價值觀的體系起到一定的作用之外，更重要的是：「**首先它信奉的超人類秩序必須普世皆同，不論時空而永恆為真。第二，他還必須堅定的鼓吹這種信念，試圖播給每一個人。換句話說，宗教必須同時具備『普世特質』和『鼓吹特質』。而最成功地具備這些特質的宗教如伊斯蘭教、佛教和基督教就這樣逐漸佔領了人類世界。**」⁽⁵⁾

隨着人類對神的認識和利用的逐漸演化，供奉和信仰一神教（Monotheism）的人比多神教（Polytheism）的人愈來愈多（原因可能是因為一神教，容易得到信徒更高度的專注），而且虔誠度和有關的組織也愈來愈多和容易統一思想。隨着時間過去，傳教活動和組織宗教架構的能力也愈來愈強大和穩固。信神的狂熱度和傳教的熱度也不斷在增加。再加上各種宗教之間頻繁的戰爭，如十六至十七世紀間，席捲歐洲的天主教與新教徒之戰；基督教與伊斯蘭教之間的長期鬥爭（遺憾的是直至現今還在繼續！），進一步鞏固和團結了各宗教的信仰的基礎和控制力。

「信仰」科學

但在這裏值得指出的是：

「在公元前1776年，巴比倫是當時最大的城市，而巴比倫帝國也很可能是當時最大的帝國，子民超過百萬，統治着大半的美索不達米亞平原，包括現代的伊拉克大半地區和部分的敘利亞與伊朗。現今最有名的巴比倫國王就是漢摩拉比，而他有名的原因，主要就是在於他命名的《漢摩拉比法典》（*Code of Hammurabi,* 1776B.C.）。這部法典彙集各種律法和判例，希望將漢摩拉比塑造為一位正義國王的榜樣，做為更一致的法律體系的基礎，並且教育後世子孫何為正義、正義的國王又該如何行事。」

「《漢摩拉比法典》認為巴比倫的社會秩序根源於由神所指示的普世永恆的正義原則。」「漢摩拉比去世三千五百年後，北美十三個英國殖民地的民眾認為英國國王對待他們不公，於是各殖民地代表群聚費城，於1776年7月4日宣布，所有殖民地的民眾不再是英國王室的子民。《美國獨立宣言》也宣告了自己的普世永恆的正義原則，而這則宣言也像《漢摩拉比法典》一樣找了神祇來背書。」 [5]

譬如《美國獨立宣言》（*American Declaration of Independence*）裏有這樣一段落：

「我們認為下面這些真理是不言而喻的：人人生而平等（all men are created equal），造物者賦予他們若干不可剝奪的權利，

其中包括生命權、自由權和追求幸福的權利（We hold these truths to be self-evident, that all men are created equal, that they are endowed by their Creator with certain unalienable rights, that among these are life, liberty, and the pursuit of happiness）。」

但對於無神論者或懷疑有神存在的人來說，這一段話並無多大意義。而從生物進化的角度，更不能接受人是神創造出來的這樣一種說法。「美國人的『平等』觀念來自於基督宗教，基督宗教認為每個人的靈魂都是由上帝所創，而所有靈魂在上帝面前一律平等。」[5]

在《人類大歷史》一書中，哈拉瑞認為應把以上《美國獨立宣言》的段落改成為：

「我們認為下面這些真理是不言而喻的：人人演化各有不同，出生具有某些可變的特性，其中包括生命和追求快感（We hold these truths to be self-evident, that all men evolved differently, that they are born with certain mutable characteristics, and that among these are life and the pursuit of pleasure）。」

從人類進化的角度來看，以上的說法有其一定的真實性！但可惜的是由於許多國家的領導人和其人民仍然信奉神，因此他們只能把管治理政建立和置放在「信仰上帝」的虛構故事中或基礎上，而且還要把這種信念強加於所有人！

「講到『神』的概念，伏爾泰就曾說：『世界上本來就沒有神，但可別告訴我的僕人，免得他半夜偷偷把我宰了。』」[5] 「《美國獨立宣言》起草人

傑弗遜（Thomas Jefferson）對於人權，私底下應該也都會說出類似的話。智人（Homo sapiens）並沒有什麼與生俱來的權利（Homo sapiens has no natural rights），就像蜘蛛、鬣狗和黑猩猩也都是如此。但可別告訴我們的僕人，免得他們半夜偷偷把我們宰了。」[5] 但可悲的是，信神的人並不需要半夜偷偷地把無神論者或懷疑神存在的人宰了，而是明目張膽地，利用所謂維護「人權」（即「神權」）的手法，不斷地在宰殺無神論者或懷疑神存在的人。只要信仰神的人一日不放棄他們的這種信念，世界就無法太平，意識形態在這方面的鬥爭就無法停止，人類命運的進化就會被完全扼殺或永遠停滯不前。假如真的人類繼續互相無休止地爭鬥殺戮下去（而不採用包容、求同存異的和平方法），其結果是人類遲早會走上滅亡的悲慘道路和結局。我深信這樣的結局，並不是人類命運演化應循之道，也是完全違背人類命運進化之路的。

世界宗教史是人類崇拜和信仰神的演變史。但當人類的認知發展到可以離開或擺脫神，而把信仰建立在科學的基礎和層面，那麼人類的「信仰」才真正可以變得有意義和成為有源之水、有本之木。人類命運的演變和進化，就無須再去理會神的有無或存在與否，以及無休止的陷入無謂的和無意義的爭論或廝殺中去，便可健康地永恆發展下去。我認為這種無須依靠神的「信仰」才是最真正的「信仰」［註：比較適當的說法，可能用「信念」比「信仰」好，因為一提到「信仰」，就容易會聯想到「宗教信仰」而引起混淆］。（見圖4.2）。

我認為，宗教作為一種文化傳承，是應予以合法支持的；而宗教界人士

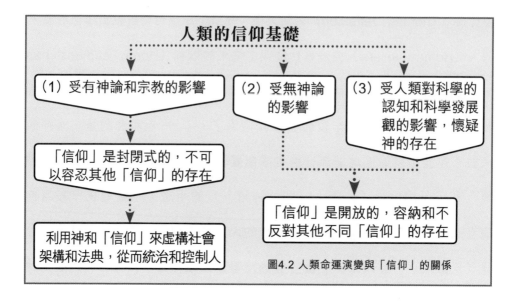

圖4.2 人類命運演變與「信仰」的關係

參與建立各種慈善事業,更應予以支持和鼓勵。但我不希望見到的是,宗教界強迫人去信神,或建立勢力範圍。假如這樣做,其結果是,宗教之間就會不斷產生和引發摩擦和戰爭! 而人類的命運被逼也只能在苦難和恐懼中渡過。

人類對科學的「信仰」

人類的進步從工業革命時期開始,逐步認識到,人類命運的發展和演化是有着普遍客觀的科學規律的。「**經驗表明,一個國家堅持什麼樣的發展觀,對這個國家發展會產生重要影響,不同的發展觀往往會導致不同的發展結果。**」[6] 換言之,譬如中國遵循了馬克思主義的科學發展觀,其他的國家可能會(也可以)採用與中國不同的科學發展觀;這也就是為什麼中國向其他國家一再表明和強調:中國不會輸出中國的模式(包括發展模式和政治制度等)。不過有一點,中國卻會經常提醒其他國家,就是當引進任何外國的(即外來的)東西時,必須得和自身(即本國)的發展相適應

和相結合（譬如在中國就要中國化），不然就容易失敗和水土不服；而在這方面，中國有過許多慘痛的經驗教訓！可以這樣説，這些經驗教訓是中國自己在長期的摸索和探討中領悟出來的道理及規律。而這些規律，對整個人類的發展顯示了：科學的發展模式（或科學發展觀），可以是多樣性的（diverse），而這些多樣性的科學發展模式，是都可以和平共處以及互相促進地朝着一種我命名其為：「多樣性的全球化文明」（global civilization or world civilization）的方向發展的。這我認為也就相當於中國人常説的大同世界；或用現今比較更流行的説法，即：**多樣性的「人類命運共同體」**。

從中國的發展角度我們可以清楚看到，由於中國在過往的二十多年的時間內，正確地認識到釐清科學思路對決策的重要性，並且能夠把科學理性和科學發展觀樹立起來，作為國家發展的「信仰」，並使他能夠「**轉化為促進全面協調可持續發展的體制機制，轉化為領導改革開放和現代化建設的實際能力。**」[6] 中國由於認識到科學對中國經濟發展的重要性和作用，採用了科學發展觀，依靠科技創新實現了全面協調可持續發展，其結果和成功之處是有目共睹的。今後中國還要「**把自然科學、人文科學、社會科學等方方面面的知識、方法、手段協調和集成起來，不斷認識和把握社會發展客觀規律。**」[6] 而這些科學規律對推進人類命運的進化會有着深遠的影響和決定性作用的。因為如果人類能夠真正地掌握好科學知識、科學方法、科學思想、科學精神、科學理性、科技創新和科學發展觀以及好好的實踐科學發展觀和實踐理性，科學發展才能轉化為全人類的自覺行動，才能真正貫徹到經濟社會發展和人類生活的方方面面，把人類命運的進化，推向更高的發展境界！

　　上面已提過，中國在周朝把禮和禮的制度建立了起來，其內容基本已相當豐富和完備：「一是指禮儀等級制度，二是完善的宗法制度，三是分封子弟之制，四是同姓不婚。」⁽⁴⁾用現代的語言來形容，即在周朝已形成了一種封建的政治體制和複雜的社會組織以及道德倫理規範。這一模式受到「孔子和儒家的推崇，以後始終貫穿在幾千年的大一統的帝國制度中，更對延續中國人的倫理道德至關重要，周禮的遺風至今在廣大農村尚存。」⁽⁴⁾但「整個周朝的禮制會有兩個方面：一是宗法制度，二是官僚制度。」到周朝後期，宗法和官僚制由於宗派之間和諸侯之間的互鬥，周王室的管治和控制愈來愈難，到了春秋戰國時期，宗法制度開始瓦解，而官僚制度也起了變化。

　　　　「但官學的失墜，並不意味着傳統文化的滅亡。孔子說『禮失
　　　　而求諸野』，這個禮即指官學，野泛指民間。官學的廢弛，典籍的
　　　　散失，學官流落到民間，必然促進學術下移的進程。因此從西周末
　　　　到春秋時期，社會上逐步形成了一個在野的士階層，他們擁有官府
　　　　散失而一部分為民間保存着的文化典籍和知識。這是儒學與儒家產
　　　　生的歷史條件，也是後來百家之學興起的歷史契機。」⁽⁴⁾

　　在這裏可以指出的是，上面已經提過，「周人制度之大異于商者，一曰立子立嫡之制，由是而生宗法及喪服之制，並由是而有封建子弟之制，君天子臣諸侯之制；二曰廟數之制，三曰同姓不婚之制。此數者，皆周之所以綱紀天下，其旨則在納上下於道德，而合天子諸侯卿大夫士庶民以成一道德之團體。」⁽¹⁾在這裏我要特別提出的是從人類命運演化的角度，

第三條曰：「同姓不婚之制」特別有意思。這一制度的建立可以防止近親繁殖，是保證人類可以健康地代代繁衍下去的重要關鍵。假如沒有這種限制，很難想像中國的文明可以這麼早期便建立和興旺發達起來。但可惜在文獻中很少看到為什麼周朝不准同姓通婚的論述！而另一方面從人類命運進化的角度，姑勿論是哪一個民族和人類文明都似乎在歷史很早期便解決了人類近親繁殖這一重要問題。我不清楚自由人文主義者（liberal humanist）怎樣看待這個問題，因為用道德或制度來禁止近親繁殖，肯定是一種限制「人性自由」和「人權」的做法。事實上所有的自由人文主義者和信奉人權至上主義者（human rights advocates）都願意接受和認同這種限制。說到這裏使我覺得奇怪的是為什麼西方的許多人權分子就願意支持同性戀，因為同性戀（如同近親繁衍一樣）顯然對人類的進化、繁衍肯定無任何好處！或許他們用的是雙重標準！當然也不排除有些自由人文主義者，可能早就落入邪教或偏激主義者的迷途，而不自知或不想知道。這的確是很可悲的！

到戰國時代，「**各諸侯國為了爭霸圖強，衝破了講究家族血緣的舊制度，向各地廣招治國領軍人才，有才華的知識分子跨國大流動，活躍於各政壇，由此出現了人才輩出的新時代。**」 (4) 在這一時代依靠人（特別是賢能或知識份子）而非神來治理國家和影響統治的傳統可以說才真正的被固化。

但在這一個時代，知識分子還沒有特定的階梯和制度可以使他們進入統治階層，所以他們只好用到處去遊說，穿梭於各國之間，向統治者提出自己的政治主張。其結果是有些被王者採納和重用，有些則不被重用，而

孔子就是這樣一個失意政壇的知識分子。最後他只能設立私學，招攬弟子來聚集、學習、討論時政和宣揚他個人的做人理政的道理。在這些場所：

> 「各種新思潮、新理念、新學派不斷湧現，衝破了固有的體制等級和民族的界限。」[2]

> 「春秋戰國政治變革的浪潮，衝擊了周王室及貴族階層對文化教育的壟斷，使之從深宮走出來，向社會開放，形成空前絕後的『百家爭鳴』的局面。這是歷史上任何朝代都無法超越的思想解放的時代，也是新文化繁榮的標誌。」[2]

中國這一時期的思想傳統，不但影響了中國思想文化以後的發展，我相信也將會影響未來人類命運發展和演化的過程和方向。

隋唐以後，政治人才的培養和進入政壇有了根本性的改變。「**始創於隋唐的科舉制度改變了中國選舉人才的方法，自宋到清影響很大。科舉制度用考試招納治國人才，公平競爭，使低微貧寒的人都有進身的途徑。**」[2] 這一制度的建立無疑對選拔政治人才，培養政治人才有一定的作用。但科舉制度卻也製造了一套相當固化的限制思想自由發展的道路，特別是科學思想的發展道路；這對人類命運的演化發展起着極其消極的影響和作用。可以這樣說，這一桎梏要在中國引入西方的科學思想和科學技術才得到有效的改變和解放。但另一方面，由於這一制度的建立，它阻礙了或無法提供足夠的空間去重新建立任何神治的觀念。可以這樣說，對中國的讀書人來說，利用神來治理國家，從來就未曾進入過中國知識分子或讀書人（intellectual）的腦海

和學習探討範圍。這又是另一個為什麼中國沒有出現宗教的原因。

當前，中國各族人民正在為全面建成小康社會而奮鬥，要實現這一目標其中一個重要的關鍵是人，「**就要建設一支宏大的高素質幹部隊伍**」。[7] 習近平在全國組織工作會議上，談有關着力培養選拔中國執政黨和人民需要的好幹部時指出：「**我們黨歷來高度重視選賢任能，始終把選人用人作為關係黨和人民事業的關鍵性、根本性問題來抓。治國之要，首在用人，也就是古人說的：『尚賢者，政之本也。』『為政之要，莫先於用人』。**」[7] 可見怎樣培育人才精英是一個影響着國家發展和人類命運進化的非常重要的問題。這一個問題解決好了，那麼這一個國家便可以興旺發達。

習近平在接受金磚國家媒體聯合採訪時又指出：

「我會見一些國家的領導人時，他們感慨說，中國這麼大的國家怎麼治理呢？的確，中國有13億人口，治理不易，光是把情況瞭解清楚就不易。」

「中國有句古話『宰相必起於州部，猛將必發於卒伍』。我們現在的幹部遴選機制也是一級一級的，譬如，我在農村幹過，擔任過大隊黨支部書記，在縣、市、省、中央都工作過。幹部有了豐富的基層經歷，就能更好樹立群眾觀點，知道國情，知道人民需要什麼，在實踐中不斷積累各方面經驗和專業知識，增強工作能力和才幹。這是做好工作的基本條件。」[7]

從以上的這段話可清楚看到，古往今來怎樣選賢任能，把選人、用人、

教育人的工作做好，是一個國家能夠穩步發展的關鍵。而現今人類進入新時代，除了通過教育的途徑，使人才可以脫穎而出、向上流動之外，又多了一條途徑：那就是通過各種「創新」，人才是也可以脫穎而出和有效向上流動的。像這種機遇是歷史上都沒有過的，是驅動人類命運進化的重要的新源泉！

「信仰」人民

很明顯的，一個國家如要治理得好，除了要有賢能的管治人才之外，更重要的是要依靠人民。毛澤東（1919）有一句名言，他説：「人民，只有人民，才是創造世界歷史的動力。」習近平（2013）也説過類似的話，他説中國的執政黨：

> 「來自人民、植根人民、服務人民，黨的根基在人民、血脈在人民、力量在人民。」 (7)

> 現今中國的執政黨「在人類文明史上最偉大的思想貢獻之一，是通過社會主義革命與建設的實踐，提供了一種不依託寄望於超驗之彼岸世界又超越世俗價值、能讓億萬人民信受奉行的有意義的生活方式。」這使得現今中國的執政黨「一方面不取任何宗教之名相，一方面卻能現實地承擔起宗教之功能，即對有意義的生活何以可能、生命之終極意義何在之類的宗教性問題做出有效回應。這一思想貢獻形之於文字的最好代表，便是毛澤東所著的『老三篇』：《為人民服務》、《愚公移山》、《紀念白求恩》。作為一個整體，充份完美地融合了中國傳統中儒家的樂天順命，慎

終追遠，道家的與天爭衡人定勝天，佛家的不盡有為不住無為之真義，直面生死而超越生死，不即日用亦不離日用，人皆可成聖，聖不異於人，真正實現了極高明而道中庸之類宗教而超越宗教的生命-生活意義開示。如果說中國共產黨【現今的執政黨】是一個『類宗教』組織（本書是在「既是有巨大的道義感召力、遠大的理想、堅定的信念，又是有高度的組織性和紀律性」這個意義上將中共類比為『類宗教』組織），則此三篇可謂其最精華的『修行法門』所在，而『為人民服務』一語更是一切『修行法門』之最方便、了義、圓頓的總攝。」[8]

從以上可見，「為人民服務」是一種真實的普世價值。

但「資本主義體系之所以能夠屹立數百年而不倒，除了由於創造了空前的生產力之外，還由於提供了一套自由、平等、民主的價值體系，構建了當代資本主義體系的正當性話語體系。」[8]而這一資本主義體系肯定將會隨時間的過去而逐漸消亡或起變化。對中國來說，現今重要的是要盡快建立起自身的話語體系，而其內容必須包含：（1）「信仰」科學；（2）「信仰」人民；這兩條普世價值。我相信怎樣對待這兩條普世價值，將成為怎樣處理好人民的內部矛盾、消除人類之間的衝突和戰爭以及影響人類未來發展的關鍵。換言之，如要解決好這一問題，任何一個政治家、領導者，都必須懂得用科學的思想（mindset）和態度（attitude）來統領和實事求是地去真正為人民服務。而習近平在不同場合所表達的對這一個問題的看法和處理辦法值得為政者永遠牢記心中（always bear in mind）：「千萬要記住政府前面的『人民』兩字」、

『群眾在幹部的心裏有多重，幹部在群眾心中就有多重』、『要始終與人民心心相印、與人民同甘共苦、與人民團結奮鬥』、『人民對美好的生活的嚮往，就是我們的奮鬥目標』、『像愛自己的父母那樣愛老百姓』……」[7]

現今我們已可以清楚地看到，中國已建立了一套中國發展的理念和理論，即「從『以人為本』到『促進人的全面發展』，再到『以人民為中心』的發展思想。」[9]「把增進人民福祉、促進人的全面發展作為發展的出發點和落腳點。」[9] 相信這一理念不但在中國能成功地得到實現，而在全世界都能得到實現，因為這一理念是人類演化最基本的理念，是人類能夠繼續發展下去和建立「人類命運共同體」的最關鍵的全面發展（包括：經濟、政治、文化、社會、生態方面的發展）的科學發展觀。只有依循這樣的一個科學規律走下去，人類才有前途和將來。

很明顯的，如要做到和落實以上的理念，中國自己必須首先：

「不斷健全懲治和預防腐敗體系。這是反腐敗國家戰略和頂層設計，要把這項重大政治任務貫穿到改革發展預定各項工作之中，堅持標本兼治、綜合治理、懲防並舉、注重預防，以改革精神加強反腐敗體制機制創新和制度保障，堅定不移轉變作風，堅定不移反對腐敗，建設廉潔政治，努力實現幹部清正、政府清廉、政治清明。」[10]

從以上那段話我們可以看到，「民心是最大的政治，正義是最強的力量。」[10] 相信現今所有的執政者都已清楚明白，要建立好制度、規矩、紀律和法律來管制政府和官員的權力。即如習近平所說：「把權力關進制度的籠子裏，首

先要建好籠子。籠子太鬆了，或者籠子很好但門沒關住，進出自由，那是起不了什麼作用的。」[10] 而另一個重要的措施，是必須加強有關國家的思想道德、誠信擔當、責任感、法律意識和奉獻意識的建設和政策導向。正如習近平所指出的，「人民有自信，國家才有力量，民族才有希望。」在十九大報告中，習近平進一步強調必須：「引導人們樹立正確的歷史觀、民族觀、國家觀、文化觀。深入實施公民道德建設工程，推進社會公德、職業道德、家庭美德、個人品德建設，激勵人們向上向善、孝老愛親、忠於祖國、忠於人民。」[11]

其次，我贊同張維為教授的意見，他認為中國歷來有：「『民惟邦本，本固邦寧』的民本主義傳統，也就是說人民是國家的基石，只有鞏固國家的基石，國家才能安寧，而民生問題解決得好壞，將決定一個國家的前途命運。」[12] 此外，他還指出對中國來說，民本主義還與人權有關係，他說：「中國的民本主義理念糾正了西方人權觀念長期存在的一個誤區，即只重視公民政治權，不重視民生權和發展權。追述其歷史原因，我想大概是因為歐洲18世紀啟蒙思想家提出自由、平等、私有財產等人權的時候，他們所代表的是當時新興的有產階級。在那時，種族主義、殖民主義、奴隸貿易都是合法的，最悲慘的貧困發生在殖民地，不在歐洲。今天世界已經步入21世紀，但世界人口的一半還生活在貧困之中，繼續西方這種人權偏見是說不過去的。」[12]

譬如，就「民生權和發展權」範圍之內的貧困問題來說，大家都可以清楚看到，中國已在快速解決和消除中國的極端貧困問題。事實上，中國在脫貧方面已做得非常之好。據張維為教授的估計，「過去40年，中

國有7億多貧困人口脫貧」[13]，到2020年，中國就可以全面基本解決極端

貧困的問題。此外，中國在「掃盲」方面，也做得非常之好。而文盲的問

題，也是一個人權的問題，但西方國家就完全不重視這一點，正如張維為

所指出的，西方國家只「重視公民政治權」，其他的他們就不管了。

當然就人權問題來說，中國還需要化力氣把這方面的工作進一步做好。

譬如：怎樣把「人權」的概念與中國的傳統習慣和文化能夠結合和融合得更

好。其次，我還建議，中國應把「人權」與構建人類命運共同體，以及促進

人類命運的進化，作為「人權」是一種由多種元素組成的價值觀，以及可以

多元地發展的概念，把他們聯繫起來作綜合考慮和界定。同時，還應把人權

的概念予以不斷優化、推陳出新，使人權概念的適用性和範圍，可以與時俱

進地和更具現實意義（more relevant to the real human world）地來改變和重

塑世界對人權的觀感和認知 （perception and cognition）。

再其次，我認為「人權」的概念，必須要有一定的包容性。因為如要

真正全面地貫徹落實「人權」的各項要求，就一定得用求同存異、開放、

包容的態度和方法去看待「人權」；而不能只用西方自編自導、自己定義、

自以為是的故事（narrative）來看待和解釋「人權」。西方政權對人權的看

法，歷來都非常的狹隘、偏頗和扭曲的，只聚焦於滿足：個人主義；放大的

自我；個人的利益；自戀式的情感；放任的專橫；變態的心智。因此，如用

西方所界定的標準來看待「人權」，空談「人權」是毫無意義的。但遺憾的

是，西方政權經常喜歡用他們作為幌子，來忽悠人和打壓別的國家（特別是

一些發展中國家）。這我們必須反對和指出他們虛偽之處。

又如果我們把人權按照西方的標準，再絕對化起來，排斥所有其他的標準，那就更不對了。因為如果這樣做，就不但會使西方的個人主義思想，過份地膨脹和妄自尊大起來；而更重要的是會促使我們忽視（ignore）：「人權與社會」之間的緊密關係[註：這些關係假如處理得不好，就很容易會引發社會撕裂，非理性、無法無天的「暴民心態」（mob mentality）的泛濫，影響社會的和諧及穩定，以及人類和睦共建人類命運共同體所需的客觀環境]；「人權與責任」之間的合理平衡關係；以及「個人的利益與人民的利益」之間的合理分配關係等。這在防控新冠肺炎的實踐中已可看清楚。

最後，必須指出的是，西方的人權觀是從神權出發，即：人權是從神那裏來的，或是由神給予的，用中國人的說法，其根是在天上。但中國人則認為人權應從能否給予人民充份的福祉出發，即其根是應與人民相連在一起的，與神是毫無關係的。也就是說，人權是要人去努力爭取和理性實踐才會有的（work for it），而並不是什麼「天」賦予的（bestowed upon us by 'God'）[註：事實上也不需要「天」的賦予，因為人腦已進化到具有足夠的智慧，可以因利勢道地作出各種理性的判斷和規範]。

故此，進入新時代，在建立人類命運共同體所需的人權觀，我們要堅定信心，必須突破西方國家在這方面的壟斷和話語權，建立中國自己的，有益人民及社會，能普惠人類命運進化的，人權方面的話語權。

要知道，中國人民在人權方面的滿意度，才是衡量中國人權（包括自由）的最佳標準，也是推動人類命運能夠向前健康發展，不可或缺的一個重要因子（an indispensible element）。因為中國是一個「來自人民、植根人民、服務人

民」的國家；人民是國家的基石。只要我們能夠做到，中國人民在人權方面的滿意度，西方國家想在人權方面說些什麼？做些什麼？我們是都可以義正詞嚴地，站在理性、道德、文明、正義和人性的制高點，與他們辯駁和說清楚的。

現今最重要的是，我們自己必須把我們在人權方面的事，有理、有節、依法地做好；把我們自己的「中國人權模式」（The China model of human rights）建立起來，這樣才能與「西方的人權模式」抗衡，把話語權奪回來。

而在這次全球性的防控新冠肺炎的鬥爭中，我們可以看到，西方國家過分強調「人權」、「自由」所帶來的防疫失控及災難！

參考資料

(1) 《中國文明史》，國際文化出版公司，2010年，132、133、175頁。

(2) 劉煒，張倩儀編著，《中國的文明》，商務印書館，2002年，34、35、52、60、213頁。

(3) 吳晗主編，《中國歷史常識》，新世界出版社，2017年。

(4) 龔鵬程著，《中國傳統文化十五講》，香港中和出版有限公司，2016年，98、105、111、144、148、167頁。

(5) 哈瑞拉著（林俊宏翻譯），《人類大歷史─從野獸到扮演上帝》，科學文化，2017年，122-129、236、237頁。

(6) 《胡錦濤文選》第二卷，166、186、190、191頁。

(7) 習近平，《談治國理政》，外文出版社，2014年，409、411頁。

(8) 鄢一龍等，《大道之行─中國共產黨與中國社會主義》，中國人民大學出版社，2015年，11，45頁。

(9) 胡鞍鋼等著，《中國新發展理念》，浙江人民出版社，2017年，8頁。

(10) 《習近平總書記系列重要講話讀本》，中共中央宣傳部（2016年版），學習出版社、人民出版社，2016年，117、122、123頁。

(11) 《決勝全面建成小康社會、奪取新時代中國特色社會主義偉大勝利》，習近平在2017年10月18日中國共產黨第十九次全國代表大會上所作報告，第七段（三）〈加強思想道德建設〉。

(12) 張維為著，《文明型國家》，2017年，上海人民出版社，第111頁。

(13) 張維為著，《這就是中國》，2019年，上海人民出版社，第166頁。

第5章
人類需面對和無法逃避的：生、病、老、死

假如我們不相信我們的生命是由神創造和命運是神安排的話，那麼，我們每一個人從生命開始到生命結束，從生物學的角度來看，只是一種依自然規律會發生的事。沒有人問過我們為什麼要來到這個世界？既然來到了這個世界，和其他動物一樣，我們人類就會想方設法，力求生存和不斷繁衍下去，這是進化論所揭示的規律。從人類命運的演化歷史過程，還可以看到，在人類整個生命歷程中，人類必須面對和克服以下三種逃避不了的困難，即：病、老、死，才能成功地生存和繁衍。

從圖5.1我們可以清楚看到，每一個人在出生時都會存有所謂「先天」性的差別的（或叫先天性差異〔natural differences〕）；例如，人與人之間在智能、體力等方面都有很大的差異。不過這些差異，對人能夠成功地生存和繁衍，並無太大的影響。因為任何人如果通過在後天自身的努力（如經過學習、修養等）都可克服在人生道路上的各種困難和享受幸福快樂的生活和人生的。但假如社會上出現不公平的現象，那麼就會影響到人的各方面的發展，因此，必須通過建立社會的各種制度來協助人去克服個人或民族等所面臨的困難和挑戰。這些問題解決好了，人類命運的進化就可以得到保證，如果這些問題解決得不好，就會引起社會的不安定，人與人、民族與民族、國與國之間的矛盾和鬥爭。故此，任何當政者或政治制度，都必須千方百計地去解決好這些問題，而這在圖5.1已清楚地作出了描述，這裏就不再重複。

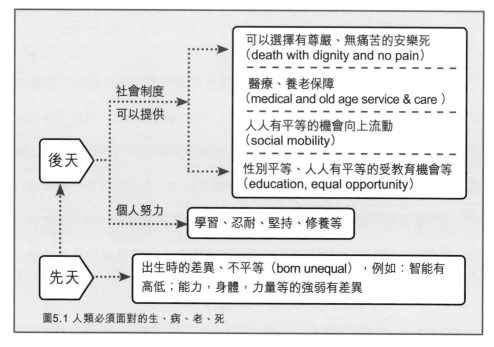

圖5.1 人類必須面對的生、病、老、死

　　但在下面我想特別闡述一下的是，有關現今人類所要面對的老齡化問題，因為這是人類迫切需要妥善解決的一個非常重要的問題。

人類老齡化問題嚴重

　　大家都清楚知道，由於科學和醫療的快速進步，世界人口已進入了一個愈來愈長壽老齡化的態勢。就拿中國的情況來說，最近從中國國務院新聞辦公室2017年9月發表的《中國健康事業的發展與人權進步》白皮書就可以看到，中國人均預期壽命從1981年的67.9歲已提高到2016年的76.5歲[1]，而在香港，據報導已可以到達平均83歲。而台灣民眾的平均壽命，也已高達80.4歲（據台灣發展委員會2019年的報導）。

　　「而另據第六次全國人口普查資料顯示，生活在獨居、空巢家庭中的老人多達6200萬人，超過老年人口總數的1/3。全國老齡辦

和中國老齡科學研究中心調研結果還顯示，2010年全國城鄉部分失能和完全失能老年人約3300萬人，佔總體老年人口的19.0%，其中完全失能老人1080萬人，佔總體老年人口的6.23%。」[2]

從以上的數字可以看到，未來中國的養老需求的巨大以及政府必須盡一切努力加快規劃，並予以解決的一個非常緊迫和不能忽視的嚴重問題。[註：據台灣發展委員會2019年的報道，截至2019年7月底，台灣總人口約為2,359萬，其中65歲以上老人超過352萬，佔比14.94%，可以説也已正式邁入「高齡社會」。台灣發展委員會還預測説，到2026年台灣整體邁入老年人口佔五分之一的「超高齡社會」。2018年，《北京市老齡事業發展報告》指出：「截上2018年底，60歲以上老年人已佔北京市人口的25.4%。」]

人類老人化狀況的出現，主要當然是要感謝現代養老保障和醫療保障及科技水平的不斷提高。就醫療來説，現今世界上所有政府都基本上能夠或正在採取有效措施提供基本的醫療服務給人民。但由於多方面的制約（如政治制度、福利制度、醫療制度等的不完善），從長遠來看（或從人類命運演化的歷程來看），進一步完善醫療服務並不是一個遙不可及不能解決的問題。另一方面，由於醫療的進步，使人類的壽命愈來愈長，造成老人化問題的出現，反而令人擔憂。在中國這一問題尤其嚴重，因為中國還疊加出現：（1）未富先老；（2）城鄉發展不平衡；（3）家庭規模小型化；（4）空巢老人多等許多棘手問題。現今政府正在努力採取有效措施解決這些問題，如「及時、科學、綜合應對人口老齡化，減緩人口老齡化壓力，增加勞動力供給，保證人口安全」[3] 等。

但「人口老齡化所帶來的問題，不僅是老年人自身的問題，還牽涉政治、經濟、文化和社會發展諸多方面，是需要全社會關注、傾全社會力量解決的重大問題。」[2]

從人類命運進化的角度來看，在應對老齡化時代的到來，首先必須（1）要能夠做到確保老年人生活幸福；（2）加大對居家養老和社區養老的支持力度；（3）切實完善養老、醫療保障的措施。而最關鍵的我認為應採取有效措施大力鼓勵市場力量來參與解決老年服務產業化的發展，以及充份利用互聯網和人工智能技術來擴大養老服務的綜合效益。在這一點上，政府應該盡快轉變思路，不要像西方國家那樣把提供養老人服務，看作為一種福利事業（welfare），而應放開管理，讓這一事業成為一種全新的服務型的新產業（new service business），多讓民營企業、風險投資參與來進行管理和運行，而政府只提供基礎設施和法規就足夠了。我認為面對老人化時代的來臨，我們應採取積極、創新和進取的態度去面對，而且將解決老人化問題的行為作為一種全方位的智能化的產業來運作，因為這一產業的發展可以快速拉動未來中國經濟（和世界經濟）的整體發展，以及在創新領域，建立一個重要的（而且是不可或缺的）增長點，和全面拉動經濟的火車頭；其前景是無可限量的。

假如我們把人口老化問題看成是一種危機（有人稱之為「**高齡海嘯**」），那麼我們要問：到底是危多過機呢？還是機多過危？我認為肯定是機多過危，假如我們能把人口老化問題，當作為一個全新的產業及具極高增長能力的產業鏈來看待。

2019年8月21日，李克強總理在國務院常務會議時，積極地詳細部署擴大中國養老服務供給，從而希望達到促進養老服務消費的目的。具體的做法是以需求為導向，發展多種類型的養老服務措施，包括：「**一要依托社區發展以居家為基礎的多樣化養老服務：為老年人提供助餐、助醫、助行、助潔等便捷服務。新建小區和老舊小區改造要把養老服務作為重要配套。二要調**

動社會力量發展適合老年人消費的旅遊、養生等服務。鼓勵企業研發生產優質適用的老年用品。大規模培養養老院長、護理員、社工等。三要支持發展商業養老保險，建立保險、福利和救助相銜接的長期照護保障制度，加大對經濟困難高齡、失能老人的長期照護補貼。四要加強養老產品和服務質量監測、嚴肅查處侵害老年人權益的行為。」[4]

的確正如習近平所指，對於解決人口老齡化的問題，國家必須做到，「**使千千萬萬老年人都能有一個幸福美滿的晚年，做到能滿足龐大的老年群眾多方面需求，妥善解決人口老齡化帶來的社會問題**」。而這些「**事關國家發展全局，事關百姓福祉，需要我們下大氣力來應對。**」[5]

人的一生（包括人的老齡化），如放在人類命運進化的角度來看，我可以用以下幾句順口溜來概括，即是說我們需做到：

「幼少年能被養、青中年能自養、晚老年能善養、病老年能終養」

也就是說，人的一生：在幼少年階段，我們需要父母來養育；到了青中年階段，我們需要自己來養育自己；到了晚年和老年階段，我們需要自己和國家共同來提供和做到讓老年人能善養的環境，保障老年人最少可以「老有所養、老有所依、老有所樂、老有所為、老有所享、老有所足」；到了病老階段，老年人則應有權選擇，怎樣可以有尊嚴地去終老（即面對死亡）。從人類命運進化的角度來看，「幼少年能被養」大多數的國家都已可以做到（一些中東和非洲落後國家還需努力追趕!）；「青中年能自養」涉及到社會、經濟、政治等制度方面的問題，許多國家都還未能解決；「晚老年能善養」，可以說現今大多數國家還都未能做

123

到，但如果有了「高科技經濟養老」規劃的全面妥善安排和支撐，那麼做到「善養」就不會是一個問題；「病老年能終養」則指人類是否可以有權，在醫療無法延續我們的生命之時，有尊嚴地離開這個世界。這是一個人類要面對的比較新的課題，大多數國家還沒有計劃或沒有計劃好應怎樣去面對和解決。

很高興見到在2019年，中共中央、國務院印發了《國家積極應對人口老齡化中長期規劃》[6]，從近期至2022年，中期至2035年，遠期至2050年，對應對人口老齡化的戰略，綜合性意義和任務、措施，中國經濟高質量發展、保證中國的長治久安等，都作出了頗為詳細的規劃。那麼

「中國將如何對應人口老齡化呢？」

「《規劃》從五個方面明確了具體工作任務」。

「一. 是夯實應對人口老齡化的社會財富儲備。通過擴大總量、優化結構、提高效益，實現經濟發展與人口老齡化相適應。通過完善國民收入分配體系，優化政府、企業、居民之間的分配格局，穩步增加養老財富儲備。健全更加公平更可持續的社會保障制度，持續增進全體人民的福祉水平。

二. 是改善人口老齡化背景下的勞動力有效供給。通過提高出生人口素質、提升新增勞動力質量、構建老有所學的終身學習體系，提高中國人力資源整體素質。推進人力資源開發利用，實現更高質量和更加充分就業，確保積極應對人口老齡化的人力資源總量足、素質高。

三. 是打造高質量為老服務和產品供給體系。積極推進健康中國，建設建立

和完善包括健康教育、預防保健、疾病診治、康復護理、長期照護、安寧療護的綜合、連續的老人健康服務體系。健全以居家為基礎、社區為依托、機構充分發展、醫養有機結合的多層次養老服務體系，多渠道、多領域擴大適老產品和服務供給，提升產品和服務質量。

四. 強化應對人口老齡化的科技創新能力。深入實施創新驅動發展戰略，把技術創新作為積極應對人口老齡化的第一動力和戰略支撐，全面提升國民經濟產業體系智能化水平。

五. 是構建養老、孝老、敬老的社區環境。強化應對人口老齡化的法治環境，保障老人合法權益。」

從以上的規劃，我們可以看到其覆蓋面是非常全面的。不過，有一點我想指出的是，有關「深入實施創新驅動發展戰略，把技術創新作為積極應對人口老齡化的第一動力和戰略支撐，全面提升國民經濟產業體系智能化水平」這一點，我認為最為關鍵。因為，有了高科技手段，「老人化問題」可以說已不是一個問題，而是一個未來怎樣去加速優化和提升其經濟發展的引領作用和驅動引擎的問題。因為，高科技手段的大量使用，將會起到顛覆我們對「老人化問題」的傳統看法，而作出許多大幅度的改變，其中有些改變，有可能是相當根本性的。譬如：從前我們認為，解決「老人化問題」，只是一個怎樣為老年人提供福利的問題（即政府是需要給予補貼和補助長者的問題）。但未來，這將會變成為一個可以很賺錢（generate revenue）的服務行業； 從前我們認為解決「老人化問題」是一個需要政府怎樣予以財政補貼給那些提供服務給老人的

機構，如：養老院、有關醫療機構、社會福利服務機構等。但將來假如有了一個完整的高科技智能化經濟產業體系，那這不但會帶動各醫院系統的高速發展和升級，同時還會帶動一大批藥用行業、製藥行業的大規模的發展，而無需政府在這方面安排任何的補貼。更重要的是，為了解決「老人化問題」，未來我們將可以提供給大量的人士創新創業的機會，因為我們現今正在朝著「智能社會」的走向快速地發展。故此，解決「老人化問題」將為現今的中國和世界，開闢一片前所沒有的新天地，為建立一個全新的、充滿人工智能等高科技服務手段的「老人智能社會」（an intelligent （full of AI）society for the aged）創造條件。而我更希望，中國政府能鼓勵各宗教團体、教會，多參與一些解決「老人化問題」的捐贈和慈善活動，讓他們多在這方面協助政府提供各種老人的服務和活動。這比讓他們只向群眾搞傳教活動，會來得更有意義和更符合中國國情。因此，我認為對待「老人化問題」應採取積極的態度（而不是消極被動的態度）創造更多的新業態。

　　老人化問題的出現，事實上是人類命運進化史上的一個巨大機遇，如果我們能夠抓住這一機遇，把有關老人的事業盡快創建條件發展起來，它還會拉動（或倒逼）人的生命的前三個階段，起顛覆性的改變和發展；為我們明確，未來人類及社會命運進化模式的重點應放在：怎樣妥善解決人的生命的整個發展階段，使人人可以活得更有計劃、穩定、具意義、快樂和幸福？〔註：現今有許多醫學界和人工智能專家認為，將來人類大多可以很容易便活到120歲!〕由於人的生命的整個發展階段，都具可預測性和可規劃性，因此對地球上的資源的需求和分配，將可以更有效、更公平；對人類必須有效減少資源浪費、減少惡性競爭、減少環境污染等，都會帶來很大的好處。

不要讓人類痛苦面對死亡

無論醫療和養老服務如何的完善，根據自然規律，人遲早是要面對死亡的。面對死亡無可否認必定是一件悲哀和痛苦的事。宗教利用虛構的「神」來試圖解除人類在這一方面的「痛苦」，但對眾多不相信神的人又怎樣呢？

我提倡讓病老和即將臨終的人可以選擇：

（1）通過「預設醫療指示」，決定病人自己的晚期照顧安排。所謂「預設醫療指示」指的是：**「類似在生時立定遺囑，通常是由患有嚴重疾病病人在自己有精神能力時，決定將來是否拒絕心肺復甦法及人工呼吸等，維持生命的治療」**(7)。﹝註：現今在許多國家，法律已允許可以這樣做了！﹞。

（2）「安樂死」（euthanasia）指的是：讓將要死去的人自願地可以安樂地（即無痛苦地）離開這個世界；意思是必須用符合人道的方法減少重病或即將死亡者的「生不如死」的痛苦。這一政策在許多國家和地區已合法地在採用，如加拿大、荷蘭、瑞士，澳洲維多利亞省等。﹝註：假如有人不清楚有關這方面的「痛苦」情況或感受，我請他們去一些專門負責照顧即將死亡的病患者的臨終關懷醫院（hospice）去了解一下。﹞但可惜的是，現在只有以上提到的少數國家可以允許他們的公民作出這樣的選擇。這主要是因為在許多國家的宗教人士極力反對這種做法；因為他們認為人的生命是神所賜的，是不能被剝奪的。這當然是無稽之談，是宗教人士的一種非常虛偽、不光彩和不人道的做法！我殷切希望愈多的國家能允許他們的公民可以選擇以「安樂死」的方法去了結生命。人類雖然對「出生」（birth）不能作出選擇，但對「死亡」（death）應允許有自己的

選擇，這才是自由、人權和人道主義的真實體現。我認為，中國也應該盡快考慮立法，允許「安寧治療」和「安樂死」的措施的執行，讓老年病人能有尊嚴和無痛苦地離開這個世界！

有一個問題得在這裏順便解答一下。

上面講到人的死亡的問題，那麼有人會問，到底有沒有靈魂的存在？從生物進化論以及科學、實證、理性的角度來分析：人的死亡就是肉體的毀滅，肉體之外根本沒有什麼靈魂的存在。這裏讓我引用耶魯大學最受歡迎的哲學課教授，雪萊‧卡根〔他開了一門通識課，名為「死亡」（death）〕的話強調一下，他指出，

> 「問：生命終結之後還有沒有生命？
>
> 我在死後還有可能繼續存活下去嗎？
>
> 答案必須是：當然不可能。」[8]

因此，所謂「靈魂」也者，只是宗教界和哲學界的形而上學和唯心論的一種蠱惑人心的無稽之談！

參考資料

(1) 《中國健康事業的發展與人權進步》白皮書，2017年9月，中國國務院新聞辦公室。

(2) 張燕編，《震撼世界的中國》，浙江人民出版社，2017年，2031-233頁。

(3) 《習近平總書記系列重要講話讀本》，中共中央宣傳部（2016年版），學習出版社、人民出版社，2016年，218頁。

(4) 《人民日報》（海外版），2019年8月22日。

(5) 《文匯報》，2019年8月26日，A19版。

(6) 《人民日報》（海外版），〈應對老齡化上升為國家戰略〉，2019年11月23日。

(7) 《文匯報》，2019年9月7日，A11版。

(8) 《令人着迷的生與死》（Death），雪萊卡根著，陳信宏譯，先覺出版，2015年，18、19頁。

第6章
環境與人類命運的緊密關係

　　人類在演化過程中犯了很多錯誤和走了許多彎路。究其原因，最主要的是人類並沒有進化到擁有足夠的智慧和智商，可以正確地永遠做對自己有益和有利生存及繁衍的事。人類犯的最大和影響最深遠的錯誤，就是在演化發展的過程中沒有好好的對待自然環境和生態，沒有意識到或認識到人類的生活環境對人類命運的進化、生存、繁衍、人類生態文明建設的重要性。

　　「生態興則文明興，生態衰則文明衰。古今中外，這方面的事例很多。恩格斯在《自然辯證法》一書中寫道，『美索不達米亞、希臘、小亞細亞以及其他各地的居民，為了得到耕地，毀滅了森林，但是他們做夢也想不到，這些地方今天竟因此而成為不毛之地』。對此，他深刻指出：『我們不要過份陶醉於我們人類對自然界的勝利。對於每一次這樣的勝利，自然界都對我們進行報復』。在我國，現在植被稀少的黃土高原、渭河流域、太行山脈也曾是森林遍佈、山清水秀、地宜耕植、水草便畜。由於毀林開荒、濫砍亂伐，這些地方生態環境遭到嚴重破壞。塔克拉瑪幹沙漠的蔓延，湮沒了盛極一時的絲綢之路。樓蘭古城因屯墾開荒、盲目灌溉，導致孔雀河改道而衰落。這些深刻教訓，一定要認真吸取。」 (1)

　　可見農民為了維持生計不斷地伐林開荒，擴大種植範圍，是具有一定的危害性的；而同時由於人口在不斷地增加（據統計「世界人口將在二十一

世紀末達到峰值——90億到100億」⁽²⁾）人類對環境的壓力和破壞會持續增加，人類對滅絕其他物種的「速度和過去六億年裏物種滅絕最快時期的速度相當。一些資源已被開發利用得接近枯竭，如魚類資源和清潔淡水。」⁽²⁾

其次，人口的急速增長「自然會引發對糧食、水、能源以及所有天然資源的需求。這對於地球上較脆弱的區域，譬如森林，特別是熱帶雨林，帶來了無比的壓力。」⁽³⁾ 可以這樣說，我們人類正面臨「生物大滅絕」危機。威脅以上這些危機的產生的最具威力的莫過於燃燒大量化石燃料對大氣層造成的影響。此外，由於森林遭到焚燒的破壞，釋放出大量的二氧化碳至大氣層，據估計「約有百分之三十正是因為這一類的焚燒而來。」⁽³⁾ 二氧化碳是一種引起溫室效應（greenhouse effect）的氣體：

> 「在農耕時代，毀林造田可能已經造成全球二氧化碳濃度升高，而從工業革命開始的化石燃料燃燒，則使二氧化碳水平進一步急劇上升，從1800年的280ppm到2000年的350ppm，到2150年，可能會上升至550ppm至660ppm。」⁽²⁾「大量人為產生的二氧化碳及其他溫室效應氣體被釋放到大氣層中，導致大氣層逐漸增厚。隨着大氣層的變厚，一些原本應該被反射回太空的紅外線輻射，反而被保留在大氣層內，便將地球大氣層——以及海洋——的溫度節節升高。所謂的氣候危機就此形成。」⁽³⁾

由於二氧化碳的增加而引起溫室效應，其結果現今已非常明顯地令人驚恐和沮喪。〔註：2019年9月22日，聯合國世界氣象組織（WMO）的報告指出，2015至2019年是

有紀錄以來最熱的五年,二氧化碳的排放較前5年增加20%(達370億噸),而目前氣溫亦較工業革命前平均已升高1.1^{o}C(有些已高達1.3^{o}C水平),與科學家建議升溫幅度上限1.5^{o}C,愈來愈接近)。(註:有專家估計,假如大家不再想方設法解決,溫度上升3.5^{o}C也會在幾年內很快達到;那將更會是世界性的災難!)

譬如:

1.世界上的許多冰河都會溶解和絕跡。

「西藏高原上的喜馬拉亞冰河是受全球暖化影響最劇的冰河之一。曾經,喜馬拉亞山脈擁有比阿爾卑斯山脈高出一百倍的冰量,百分之四十的世界人口飲用水源中,有一半以上來自這裏;整個亞洲有七個水系源頭在這個高原。然而,除非我們立即採取有效改善全球暖化的行動,否則,不出半個世紀,這百分之四十的世界人口將面臨嚴重的飲用水短缺問題。」[3]

2.全球暖和破壞了生物的自然平衡和消滅了許多生物物種賴以生存的棲息地和生態小環境(ecological niche),使生物多樣性(biodiversity)遭到無法逆轉的改變,許多生物物種到了絕種的地步。2019年7月24日,澳洲聯邦科學與工業研究組織(CSIRO)發表在《海洋科學前沿》(*Frontiers in Marine Science*)的報告顯示,「澳洲海岸在7年期間,有45%海洋生態受到熱浪、水浸和乾旱等極端天氣破壞,一些脆弱的海洋生態系統(ecological system),如海藻、海草、紅樹林、珊瑚礁等,將可能會出現不可逆轉的改變。」

3.特別需要指出的是,珊瑚對於海中生物生存的重要性,因為他們對維持生物圈的健康和可持續發展(sustainability)都非常重要。目前有證據顯示,已有大量的珊瑚正因全球暖化和人類的破壞(例如:礦業、工業和人類所排放出

來的污水、廢料對海洋的污染、海水因被污染而引發的酸化等）而步入死亡。

4.兩極冰棚（ice cap）開始快速融化和崩解。科學家們發現，由於全球暖化，南北極的冰棚正在很快地溶解，並在冰層內形成許多水窪，這些水窪不斷地擴大，使整個冰棚的融化速度進一步加速和崩塌。

> 「這些冰層，不管是位於南極洲或格陵蘭島，不管是山嶽冰河
> 或陸上冰原，只要落到海裏，或是融化了，都會導致海平面上升。
> 而這也正是目前世界海平面不斷上升的原因之一；並且，只要全球
> 暖化的現象存在一天，這樣的趨勢便不會減緩。」[3]

現今，佈滿於冰島的許多冰川也已在開始消失或「死亡」。據《文匯報》2019年8月19日報道，「冰島奧克火山上的奧喬屈爾冰川，經歷大片面積的流失後，2014年成為死亡冰川。冰島在冰川原址立紀念碑，碑上刻有『給未來的一封信』，希望藉此呼籲冰島以至全球公眾關注地球暖化對冰川的影響。」

由於冰川融化，現今許多沿海的城市將會因此而被淹沒。新加坡總理李顯龍在2019年8月18日的開埠200年國慶演説中指出：「應對氣候變化如國防，海水水位的不斷上升，已成為新加坡的生死存亡的問題」。而印尼首都雅加達，由於面對陸沉危機，加上人口過度稠密及污染嚴重，已予2019年做出決定遷都，新首都選址婆羅洲東加里曼丹省。 2019年8月15日，第五十屆太平洋島國論壇，在南太平洋島國圖瓦盧的首都富納富召開：「確保我們在太平洋的未來」

的氣候峰會，務請各國關注氣候變化、海洋污染、島國陸沉等問題的嚴重性，因為這些島國正面臨陸沉的威脅。

5.隨着海水溫度漸漸升高，變暖，暴風的強度和發生的頻密度也不斷的在增加；現今已有許多證據顯示，全球暖化會提高龍捲風和颶風形成的頻率和所帶來的暴風雨的強度。大家查一查2018-2019年的有關記錄，便一清二楚。

6.更讓人心痛的是，2019年亞馬遜雨林，又遭受到發生的火災數目的創新高紀錄，這不但引起南美洲各國很大的擔心，並且還引起全球的關注，因為亞馬遜雨林是「地球之肺」，其消失將為人類命運的進化帶來災難性的影響！每年發生在澳大利亞、印尼的長時間焚燒的森林大火，也令人非常沮喪。

《京都議定書》（*Kyoto Protocol*）和《巴黎氣候協議》（*Paris Agreement*）

為了解決全球暖化的問題，1997年在「聯合國氣候變化綱要公約參加國三次會議」中，各國簽訂了《京都議定書》並於2007年正式生效。而中國政府於1998年5月29日正式簽署《京都議定書》，於2002年9月3日核准，2005年2月16日正式生效。《京都議定書》為渴望在更安全和清潔空氣環境生活的人們，帶來了一線希望。但由於許多大國還不願意立即採取有效措施控制排放溫室氣體等，所以《京都議定書》的得到有效落實，遇到了許多困難和阻力。到了2015年各國經過艱苦的談判，大約有195個國家採取了進一步行動又再簽署了《巴黎氣候協議》。這一協定與《京都議定書》相

比，不具約束力。《巴黎氣候協議》為2020年後全球應對氣候變化行動作出較為具體的安排。但自從美國總統特朗普上台以後，他對《巴黎氣候協議》提出要重新審視，並退出了協議。像特朗普的這種保護美國利益的自私做法是完全不負責任的，是對人類的生存和人類對環境保護的努力起到非常壞的作用。從人類演化的角度，可以看到，人類與生俱來的貪婪和自私等弱點經常會在一些所謂民主國家通過一人一票選舉出來的領導人顯現出來。其原因是，因為選舉政治所產生的的領導人，只需對少數的選民負責，而無須對人類的整體福祉負責。這種非理性和背離科學發展觀的危害環境的做法，將會為人類命運的進化和生存帶來災難，我們必須反對這種自私自利、不人道的、逆人類命運進化的做法。人類命運在進化過程中，無法擺脫這種人性弱點或污點，是造成這種非理性及愚蠢的做法的出現的原因之一。

新能源的有效利用

讓我們切記：

「人類文明和地球的生態系統正在相互衝撞，氣候危機就是此一衝撞最明顯、最具毀滅力與威脅性的表現。氣候危機常與其他生態危機相提並論，例如海洋魚類資源和珊瑚礁的破壞、淡水資源匱乏、主要農業區地表土壤之耗竭、物種多樣性豐富的熱帶和亞熱帶等原始森林的濫伐和焚毀、生物絕種、難以降解的有毒污染物被排入生物圈、化學加工和採礦等工業活動累積了各式有毒廢料、空氣污染物以及水污染等。」[4]

人類應如何去妥善解決以上這些問題呢？

「石油、煤、和天然氣總共佔了人類在地球上所用能量的86.5%（石油佔36.5%、煤佔27%、天然氣佔23%），因此這三類化石能源是全球暖化的最主要成因。這也是為什麼全球開始重視生產過程中不會排放大量二氧化碳，而且可以替代化石燃料的新能源。」[4]

這包括以下幾種清潔能源（或又叫綠色能源）：

1.利用太陽能來發電。一般含以下兩種方法：（a）利用太陽產生的熱能來驅動發電機；（b）利用太陽能電池（solar cell）直接將太陽光轉化成電能。

2.利用風力來發電。「風力發電是目前除了地熱以外，成本最低的可再生能源。即使其他能源——特別是太陽能光伏發電——在未來數年的成本將會大幅降低，然而目前的風力就算沒有技術突破，也已經是一項成熟且富競爭力的技術。」[4]

3.用核能來發電。核能可以是減少碳排放的一項選擇，但可惜的是在許多國家利用核能來發電還受着人們的反對和抵制。但在有些國家證明，利用核能來發電，不但成本低而且永不會枯竭。所以能否充分利用核能，主要是看使用者能否安全運作核反應爐等。

人類除了要更有效地去利用清潔的能源之外，同樣重要的是必須進一步解決農業現代化所產生的多種污染和引發的全球暖化的問題。

「著名生態學家諾曼·邁爾斯（Noman Myers）最近估計，目

前濫伐森林現象中的54%是由焚林開墾方式的農業行為所造成，22%是因油棕種植範圍擴大所造成，19%是由『過度』採伐木材造成的，5%是由養牛牧場造成的。」[4] 此外，「地球的土壤層不過幾尺厚，但其含碳量是植物和樹木的3-5倍，是目前大氣碳含量的兩倍多。隨着農業和土地管理的進步，我們可以利用植物來吸收大氣中大量的二氧化碳，將這些氣體封存到土壤中，如此一來，在提高農業生產力、維持糧食安全的同時，還能恢復已退化土地的地力。」[4]

從以上可以看到，只要人類能夠有效和科學地去妥善利用好和管理好農業，那麼由於現代農業產生的各種污染源（包括過多的排放二氧化碳、過多地應用化肥、除草劑和農藥等）是都可以受到控制的。但如果人類過度地繼續放縱農民和地方政府去污染環境，而不予以制止；或為了達到某些非理性的政治目的，而不斷地製造許多國與國之間、不同宗教信仰和社會經濟上的矛盾和戰爭，那麼要控制農業所造成的危害就難上加難了。這樣長期下去人類將不但會毀滅自己，而且還會毀滅整個地球！人類命運的演化，假如真的走上這一條不歸之路，那將是一大悲劇。真的是拯救地球，人人有責！

中國正在大力推進生態文明建設

從人類歷史的演化可以看到，許多國家在發展的過程中都犯了一個嚴重的錯誤，就是「先污染後治理」，即先破壞環境和生態然後再補回去。這樣做所要付出的發展成本和代價實在是太大了。「有些國家和地區，像重金屬污染區，水被污染了，土壤被污染了，到了積重難返的地步。」[5] 在幾年前

中國已注意到「先污染後治理」的問題的危害性，因此開始大力提倡建設生態文明的重要性：

> 「建設生態文明是關係人民福祉、關乎民族未來的大計，是實現中華民族偉大復興的中國夢的重要內容。習近平總書記指出：『我們既要綠水青山，也要金山銀山。寧要綠水青山，不要金山銀山，而且綠水青山就是金山銀山。』要按照綠色發展理念，樹立大局觀、長遠觀、整體觀，堅持保護優先，堅持節約資源和保護環境的基本國策，把生態文明建設融入經濟建設、政治建設、文化建設、社會建設各方面和全過程，建設美麗中國，努力開創社會主義生態文明新時代。」 (5)

中國在這方面的工作已積極的在貫徹落實，相信在不久的將來，中國的這些目標必能達到。中國假如能夠把這些工作做好，不但會起一個帶頭示範作用，而從人類命運長遠的演化來看，是保證人類能夠長期健康地生存下去的有力保證。因為中國是一個大國，人口有13億多，佔全球人口五分之一左右，如果這麼龐大的人口能美好地生活在這地球上，那麼整個人類的發展前途才能有所保障。

在致生態文明貴陽國際論壇2013年會以〈建設生態文明：綠色變革與轉型——綠色產業、綠色城鎮、綠色消費引領可持續發展〉為題的賀信中，習近平指出：

> 「走向生態文明新時代，建設美麗中國，是實現中華民族偉

大復興的中國夢的重要內容。中國將按照尊重自然、順應自然、
保護自然的理念，貫徹節約資源和保護環境的基本國策，更加自
覺地推動綠色發展、循環發展、低碳發展，把生態文明建設融入
經濟建設、政治建設、文化建設、社會建設各方面和全過程，形
成節約資源、保護環境的空間格局、產業結構、生產方式、生活
方式，為子孫後代留下天藍、地綠、水清的生產生活環境。」(6)

習近平在同一封賀信中還進一步指出：

「保護生態環境，應對氣候變化，維護能源資源安全，是全
球面臨的共同挑戰。中國將繼續承擔應盡的國際義務，同世界各
國深入開展生態文明領域的交流合作，推動成果分享，攜手共建
生態良好的地球美好家園。」(6)

要妥善解決好世界性的環境污染問題，中國已顯示有決心採取極其負責
和意願、承擔和責任。只有全球人類合力去解決環境污染的問題，人類的生
存和繁衍才可以得到保障！如習近平所說：「人與自然是生命共同體，人類
必須尊重自然、順應自然、保護自然。人類只有遵循自然規律才能有效防止
在開發利用自然上走彎路，人類對大自然的傷害最終會傷及人類自身，這是
無法抗拒的規律。」(7) 我們必須「還自然以寧靜、和諧、美麗」。(7)

在2017年1月18日聯合國日內瓦總部的演講中（題為〈共同構建人類
命運共同體〉），習近平再一次強調指出堅持綠色低碳，建設一個清潔美麗
的世界的重要性。他說：「人與自然共生共存，傷害自然最終將傷及人類。

空氣、水、土壤、藍天等自然資源用之不覺、失之難續。工業化創造了前所
未有的物質財富，也產生了難以彌補的生態創傷。我們不能吃祖宗飯、斷子
孫路，用破壞性方式搞發展。綠水青山就是金山銀山。我們應該遵從天人合
一、道法自然的理念，尋求永續中國發展之路。」[8]

　　中國除了強調環境保護以及建立生態文明的重要性之外，還採取了
許多積極有效及創新性的管理措施來保護環境和全面地建設生態文明。值
得指出的是，譬如：建立「河長制」，讓中國的江河有了專屬守護者，開啟中
國治河的新時代。而在2018年年底中國又進一步全面建立「湖長制」。現今，
「全國31個省、區、市共設立了省、市、縣、鄉四級河長30多萬名；各地還
因地制宜，設立村級河長、湖長90多萬名。」[9]

　　除了保護河湖之外，中國在治沙造林，保護生態方面也做了許多工
作。據報道，「截至去年年底，中國森林覆蓋率達22.96%，而建國初森林覆蓋
率是8%左右。中國當前森林覆蓋率超過50%以上的省有8個，超過60%上的省
有4個，最高的福建省森林覆蓋率超過66.8%。北京森林覆蓋率43.77%。」[9]
可見，中國的生態環境都在不斷的變好，這對促進人類命運的健康發展和
進化，將會起到積極的推動作用。

　　為了保證中國的生態環境能不斷的好起來，中國政府的生態環境部，
還派遣中央生態環境保護督察組，進駐各省市企業，開展巡視監督工作，
「確保群眾舉報問題，能夠查處到位，整改到位，公開到位」。

　　除此之外，中國還實行國家公園體制，「目的是保持自然生態系統的

原真性和完整性，保護生物多樣性，保護生態安全屏障，給子孫後代留下珍貴的自然資產。這是中國推進自然生態保護、建設美麗中國、促進人與自然和諧共生的一項重要舉措。」(10)

再就是，中國已開始停止進口洋垃圾，並在上海實行垃圾分類，務必做到逐漸從搗爛、燒掉、堆埋（3B：bash，burn，bury）處理垃圾，過渡到減少、再用、循環利用（3R：reduce，reuse，recycle）的更為環保的做法，使垃圾可以得到有效利用，而不要污染環境。上海實行的垃圾分類，相信很快便將會在中國其它城市推廣實施。中國如能再進一步，把人工智能科技融入垃圾處理及利用大數據、AI等技術創新等來引領垃圾處理，那麼中國在生態文明建設方面，很快就會站在世界領先地位。

2019年9月18日習近平在鄭州主持召開黃河流域生態保護和高質量發展座談會時強調：「黃河流域生態保護和高質量發展，同京津冀協同發展、長江經濟帶發展、粵港澳大灣區建設、長三角一體化發展一樣，是重大國家戰略。要把水資源作為最大的剛性約束，堅持綠水青山就是金山銀山的理念，堅持生態優先、綠色發展，共同抓好大保護，協同推進大治理，推動黃河流域高質量發展，讓黃河成為造福人民的幸福河。」(11) 習近平在講話中進一步強調說：「治理黃河，重在保護，要在治理。要堅持山水林田湖草綜合治理，系統治理、源頭治理，統籌推進各項工作，加強協同配合，推動黃河流域高質量發展。」(11) 他還具體提出五點要求，推動黃河流域高質量發展：

「1.加強生態環境保護：上游實施一批重大生態保護修復和建設工

程，提升水源涵養能力；中游突出抓好水土保持和污染治理；下游做好保護工作，促進河流生態系統健康。

2.保障黃河長治久安：實施河道和灘區綜合提升治理工程減緩黃河沿岸安全。

3.推進水資源節約集約利用：堅持以水定地、以水定人、以水定產，合理規劃人口、城市和產業發展。

4.推動黃河流域高質量發展：三江源、祁連山等生態功能重要地區，主要是保護生態，創造更多生態產品；河套灌區、汾渭平原等糧食主產區要發展現代化農業；區域中心城市要集約發展、提高經濟和人口承載能力。

5.保護、傳承、弘揚黃河文化：推進黃河文化遺產系統保護，深入挖掘黃河文化蘊含的時代價值。」[11]

從以上習近平的戰略安排，我們可以看到，中國在治水思路方面，不但只着重在水的治理方面，同時，關注河流流域的經濟和文化發展；其次，還着眼於有計劃地做好文明生態建設全局的工作，體現中華民族永續發展的深遠歷史以及人類命運進化的發展路程。中國的這種做法的好處是，避免像有些國家那樣，只會採用頭痛醫頭，腳痛醫腳的碎片化做法〔註：一般來說，碎片化的做法，不但成效低，而且浪費人力、物力和資源〕。因此，我認為中國的做法不但理性和徹底，而且有效和有戰略遠見。

2019年9月23日中國外交部長王毅在出席美國紐約聯合國總部聯合國

氣候行動峰會時強調指出：「氣候變化是各國面臨的共同挑戰，合力應對氣候變化，關係到人類未來的命運。我們要有必勝的信心、行動的恒心、合作的誠心。要恪守承諾、落實好《巴黎協定》及其實施細則，推動本次峰會和《聯合國氣候變化框架公約》第25次締約方會議取得的積極成果。要把應對氣候變化與促進經濟社會發展有機結合，在加快發展的過程中實現綠色低碳轉型。要堅持多邊主義，尤其應恪守『共同但有區別的責任』等原則，幫助發展中國家提升應對能力。」[12]「中國重視生態文明建設。作為『基於自然的解決方案』共同牽頭國，中國會同相關國家和國際組織一道，提出150多個行動倡議，匯編了森林碳匯、生物多樣性保護等30餘個示範案例，為深入理解人與自然關係帶來新視角，為全球應對氣候變化行動提出新措施，為實現可持續發展目標提供新支持。相信只要各國勠力同心，就一定能建成一個清潔美麗、共同繁榮、命運與共的美好世界。」[12]「中國踐行新發展理念，決心走綠色、低碳、可持續發展之路。」[12] 從以上外交部長王毅的發言，可以看到中國在應對氣候變化等方面的決心，以及認真履行《聯合國氣候變化框架公約》和《巴黎協定》的義務，為國際應對氣候變化的承擔，負起中國應負的責任。

中國向污染宣戰，對大氣、水、土壤污染防治，已採取了許多具特色和靈活的辦法和措施，使中國的生態環境質量持續改善，這是有目共睹的事實。

但另一方面也必須指出，中國在白色污染防治方面，卻還做得很不夠（事實上，所有的國家都有同樣問題，做得都很不夠！）。現今有證據顯

示「在北極積雪中發現了微塑料。」[13] 據調查顯示：「全球人平均每周攝入5克微塑料，相當於一張信用卡的重量，吃入人體的微塑料對人類健康構成潛在威脅。」[13]「在過去幾年裏，科學家們在土壤、瓶裝水、海鮮甚至空氣中都發現微塑料的存在。」[13]「中國是全球塑料生產和消費大國，隨着經濟發展和人民生活水平的提高，塑料製品的用途愈來愈廣，用量愈來愈大，涉及面愈來愈寬。數據顯示，目前中國規模以上生產企業為7,000多家，塑料製品消費量由2008年的不足4,000萬噸，增長到2017年的7500多萬噸，其中，地膜使用量由2008年的110萬噸增加到2016年的147萬噸。」[13]「近年來隨着電商、快遞、外賣等新業態的迅速發展，白色污染防治問題變得日益突出。」[13] 看來是時候，中國和世界各國，都得下決心與白色污染打硬仗，抓落實，盡快重點解決有關「**法律法規不完善、監督管理不到位、替代產品供給不足、社會參與不夠問題。**」[13] 假如我們再不下決心防治白色污染，那後果真的是不堪設想。

這一問題在香港也很嚴重。2019年12月28日，香港固體廢物監察報告的統計數字顯示「去年每日棄置在堆填區的11,428公噸廢物中，塑料佔比逾兩成（21%），達2,300噸，重量相當於156輛雙層巴士。」[14] 香港政府看來需立即採取行動，從源頭上減少塑膠廢物的產生，或學習日本、台灣、上海那樣，強制性地在香港實行全港性垃圾分類，才可以有效控制塑料垃圾。

參考資料

(1) 《習近平總書記系列重要講話讀本》，中共中央宣傳部，2016年，學習出版社、人民出版社，231頁。

(2) 大衛‧克里斯提安，《極簡人類史─從宇宙大爆炸到21世紀》，王睿譯，遠足文化，2017年），184頁。

(3) 艾爾‧高爾著，《不願面對的真相》，張瓊懿、欒欣譯，商周出版，2006年，220頁。

(4) 艾爾‧高爾著，《難以迴避的抉擇─全球氣候危機的解決之道》，王惟芬、楊仕音譯，商周出版，2009年，32、57、172、204頁。

(5) 《習近平總書記系列重要講話讀本》，中共中央宣傳部（2016年版），學習出版社、人民出版社，2016年，230、235頁。

(6) 《習近平談治國理政》，外文出版社，2014年，211-212頁。

(7) 《決勝全面建成小康社會，奪取新時代中國特色社會主義偉大勝利》，習近平在2017年10月18日在中國共產黨第十九次全國代表大會上所作報告，第九段：〈加快生態文明體制改革，建設美麗中國〉。

(8) 《習近平談治國理政》（第二卷），外文出版社，2017年，544頁。

(9) 《文匯報》，2019年8月22日，A15中國新聞。

(10) 《文匯報》，習近平致信祝賀第一屆國家公園論壇開幕：〈給子孫後代留下珍貴自然資產〉，2019年8月20日。

(11) 習近平在鄭州主持召開黃河流域生態保護和高質量發展座談會的講話，《大公報》，2019年9月20日，A16 中國。

(12) 《文匯報》，2019年9月25日，A21。

(13) 《文匯報》，2019年9月19日，A31人民政協。

(14) 《文匯報》，2019年12月29日，A7 香港新聞。

第7章
人類的趨理性化、文化融合和世界文明的建立

　　我在探索和追蹤人類演化歷史的過程中，引用了中華民族的演化史為例子來分析和揭示許多有關問題。特別是新中國成立之後的那段發展階段。2019年中國慶祝成立70周年，在這70年期間中國的發展起伏多變，不斷地在通過實踐尋找最適合中國發展的正確道路。直至中國實行改革開放，可以説才開始真正清醒地認識到當代中國發展的大勢和方向以及當今世界大局的發展趨勢，然後把工作重點從「以階級鬥爭為綱」轉移到「以經濟建設為中心」上；現今中國已進入新時代，因此重點將會再一次作出調整，把他放在解決「人民日益增長的美好生活需要和不平衡不充分的發展之間的矛盾」上面。中國的這一發展重心的改變，不但對中國以後的發展重要，而對人類的發展也起着非常重要的影響。但這些國家政策的重大調整和轉變並不容易，因為中國要解決的是一系列基本國策問題。

　　「1979年，實行對外開放，試辦經濟特區，人們茫然過，懷疑經濟特區到底姓『社』還是姓『資』」。[1] 但鄧小平在1992年果斷地解決了這一個問題。鄧小平明確指出：

　　　　「計劃多一點還是市場多一點，不是社會主義與資本主義的本質區別。計劃經濟不等於社會主義，資本主義也有計劃；市場經濟不等於資本主義，社會主義也有市場。計劃和市場都是經濟手段。社會主義的本質，是解放生產力，發展生產力，消滅剝削，消除兩

極分化，最終達到共同富裕。」 (1)

這一深刻的論斷，精闢地概括了社會主義的本質以及為建立、完善和發展中國特色社會主義制度做出了可靠保證，並為以後中國的發展提出了明確的五大發展理念，即：創新、協調、綠色、開放、共享。之後，習近平從堅持和發展中國特色社會主義全局出發，又補充增加了「四個全面」的戰略佈局，即「全面建成小康社會、全面深化改革、全面依法治國、全面從嚴治黨」來進一步實現中國「兩個一百年」的長遠發展總戰略和奮鬥目標。但發展的目標明確了，必須解答中國的特色社會主義的核心價值體系是什麼？中國的核心價值觀是什麼？因為只要妥善解決這兩大問題，中國的社會才能和諧穩定，才能長治久安。很明顯的，中國所實施的全面深化改革必須要：（1）促進社會公平正義；（2）增進人民福祉為出發點和落腳點。現今在中國許多地方都可以看到有關社會主義核心價值觀的描述，在這裏我把他們抄錄下來供參考：

> 「國家：**富強、民主、文明、和諧；**
>
> 社會：**自由、平等、公正、法治；**
>
> 公民：**愛國、敬業、誠信、友善。」**

〔我認為還應增加幾條：公德、仁義、職業道德、知榮辱、講正氣、作奉獻。〕

以上中國所推崇的社會主義核心價值觀，與西方國家所宣揚的「自由」、「民主」、「人權」是具有不一樣的內涵和意義的，因為西方所宣揚的價值觀背後是需要神權和宗教來支撐的，而中國特色社會主義所推崇的價值觀，

則不受宗教神權的污染，是以人和人文（humanity or humanistic ideals）為主體的這樣一種價值觀。而我認為這些價值，才可被稱得上為科學、理性的普世價值觀。我深信中國所推崇的人文價值觀，將會慢慢代替西方利用神和宗教所支撐的價值觀，成為全人類的價值觀、文明觀。

圖7闡述了人類演化發展過程中有關認知和價值觀形成的階段。從圖中我們還可以看到，人類的整個演化發展，要到第三階段，認知和價值觀才形成。其他還有有關人類在不同發展階段的特徵、進化程度、生存意識和能力的增強、意識形態和生存意義的形成，也都只在人類發展的第三階段，才較為完整全面（holistic）地形成和呈現出來。有些在人類演化發展的第一階段完全不出現，有些在第二階段才逐漸開始形成。因此，當人類命運進化到第三階段時，人類的能力和智慧已到達了相當高的境界。用哈拉瑞的話來説是從「智人」演化到「神人」的超越所有動物的優越階段：「在七萬年前，智人還不過是一種微不足道的動物，在非洲的角落自顧自的生活。但就在接下來的幾千年間，智人就成了整個地球的主人。」[2]

但可惜的是哈拉瑞在他所著的《人類大歷史》的結尾時，並沒有清晰地強調當人類演化進入「神人」的階段，人類的發展前景和生存意義是積極向上的，是愈來愈理性的，懂得感恩和滿足的；而不是像哈拉瑞所猜想的那樣，用一種消極（pessimistic）和失敗主義者（defeatist）的態度來看待人類命運的進化：認為人類命運的進化是目的含糊，意義不清、自我失控和自我毀滅的這樣一個過程。

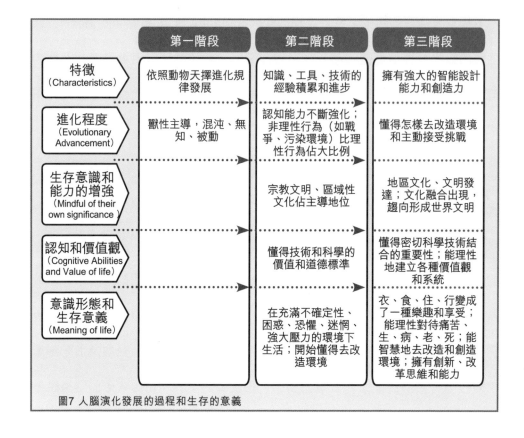

	第一階段	第二階段	第三階段
特徵 (Characteristics)	依照動物天擇進化規律發展	知識、工具、技術的經驗積累和進步	擁有強大的智能設計能力和創造力
進化程度 (Evolutionary Advancement)	獸性主導，混沌、無知、被動	認知能力不斷強化；非理性行為（如戰爭、污染環境）比理性行為佔大比例	懂得怎樣去改造環境和主動接受挑戰
生存意識和能力的增強 (Mindful of their own significance)		宗教文明、區域性文化佔主導地位	地區文化、文明發達；文化融合出現，趨向形成世界文明
認知和價值觀 (Cognitive Abilities and Value of life)		懂得技術和科學的價值和道德標準	懂得密切科學技術結合的重要性；能理性地建立各種價值觀和系統
意識形態和生存意義 (Meaning of life)		在充滿不確定性、困惑、恐懼、迷惘、強大壓力的環境下生活；開始懂得去改造環境	衣、食、住、行變成了一種樂趣和享受；能理性對待痛苦、生、病、老、死；能智慧地去改造和創造環境；擁有創新、改革思維和能力

圖7 人腦演化發展的過程和生存的意義

　　在圖7中的人類命運演化的第三階段，我已清楚地指出和表明，當人類命運進化到第三階段時，人類已可以利用高超的智能，基本上解決所有有關衣、食、住、行的問題和挑戰，並把它們變成為一種生活樂趣和享受（enjoyment and realizable life purpose）。同時，人類已有足夠的智慧去理性地面對痛苦、生、病、老、死等問題，而無需再去祈求宗教所推崇的神的幫助（事實上也幫助不了，試問有哪些天災是得到神的幫助而予以解決的？）。更重要的是人類已有足夠的智慧（wisdom）和手段（means）去改造和創造適合自己生活、生存、繁衍的環境。而最後，到了這一階段，人類由於

能不斷地創新和改革，人類已能有效地控制和掌控人類自己所創造出來的一切！當然如要全部實現以上這些目標，人類必須朝着同一目的前進，而中國所倡議的要建立「人類命運共同體」的意思，就是説人類必須朝着和平、發展、合作、共贏的這樣一個方向前進，才能達致目的——或可以這樣説：這才是人類應追求的目的（the purpose of human existence）。正如習近平所指出的「當今世界，各國相互依存、休戚與共。我們要繼承和弘揚聯合國憲章的宗旨和原則，構建以合作共贏為核心的新型國際關係，打造人類命運共同體。」⁽³⁾ 對於以上這一段話，中共中央宣傳部作了這樣的解讀：

「打造人類命運共同體，要建立平等相待、互商互量的夥伴關係，營造公道正義、共建共享的安全格局，謀求開放創新、包容互惠的發展前景，促進和而不同、兼收並蓄的文明交流，構築尊崇自然、綠色發展的生態體系。世界各國一律平等，不能以大壓小、以強凌弱、以富欺貧；要堅持多邊主義，建設全球夥伴關係，走出一條『對話而不對抗、結伴而不結盟』的國與國交往新路。要樹立共同、綜合、合作、可持續安全的新觀念，充分發揮聯合國及其安理會的核心作用，堅持通過對話協商和平解決分歧爭端。推進各國經濟全方位互聯互通和良性互動，完善全球經濟金融治理，減少全球發展不平等、不平衡現象，使各國人民公平享有世界經濟增長帶來的利益。促進不同文明、不同發展模式交流對話，在競爭比較中取長補短，在交流互鑒中共同發展。解決好工業文明帶來的矛盾，以人與自然和諧相處為目標，實現世界的可持續發展和人的全

面發展，創造一個各盡所能、合作共贏、奉行法治、公平正義、包容互鑒、共同發展的未來。」(3)

讓我引錄習近平在十九大報告中的有關呼籲再説明一下：

「我們呼籲，各國人民同心協力，構建人類命運共同體，建設持久和平、普遍安全、共同繁榮、開放包容、清潔美麗的世界。要相互尊重、平等協商，堅決摒棄冷戰思維和強權政治，走對話而不對抗、結伴而不結盟的國與國交往新路。要堅持以對話解決爭端、以協商化解分歧，統籌應對傳統和非傳統安全威脅，反對一切形式的恐怖主義。要同舟共濟，促進貿易和投資自由化便利化，推動經濟全球化朝着更加開放、包容、普惠、平衡、共贏的方向發展。要尊重世界文明多樣性，以文明交流超越文明隔閡、文明互鑒超越文明衝突、文明共存超越文明優越。要堅持環境友好，合作應對氣候變化，保護好人類賴以生存的地球家園。」(4)

很明顯的，從社會經濟的發展角度來看，我認為不論是社會主義還是資本主義的國家，現今都在進一步完善其政治和經濟制度，在每一個國家，其中到底有多少成分屬於社會主義和計劃經濟，有多少成分屬於資本主義和市場經濟，已愈來愈難以分得清楚和説得明白，特別是在一個加速數字化經濟（digital economy）及全球化的環境下。人類只有採取理性、和平、普惠、平穩以及合作共贏的新型國際關係來推動全球共同進步和發展；維護共同利益及依循成果共分享的原則；不搞對抗，不搞衝突，不把自己的意見和意識形態強加於別

人；拿出誠意、真心、有歷史擔當，人類的進步才能真正得到體現和保障。

而對中國來説，除了社會經濟的發展之外，逐步通過理性實踐形成中國特色社會主義國家制度和法律制度，不斷推進國家治理體系和治理能力現代化，也非常重要。⁽⁵⁾ 2019年9月25日，習近平在中共中央政治局第十七次集體學習會議，談到有關「推進國家治理體系能力現代化」時指出，中國必須「**從我國國情出發，繼續加強制度創新，加快建立健全國家治理急需的制度、滿足人民日益增長的美好生活需要，必備的制度。**」⁽⁵⁾ 並要把「**制度轉化為法律。**」⁽⁵⁾ 他在會議中還進一步強調指出：「**制度的生命力在於執行。要強化制度執行力。加強制度執行的監督，切實把我國制度優勢轉化為治理效能。**」⁽⁵⁾ 而我認為，中國國家治理體系能力的現代化，不但對中國重要，對進一步驅動人類朝向構建一個合符世界治理的新體系和新秩序，並能夠讓這些新體系和新秩序，持續、全面、完整地發展下去；這對推動世界文明的建立，人類命運的進化，也都非常非常之的重要。

除此之外，對中國來説，同樣重要的是，還需要努力把構建「中華民族共同體」的工作夯實做好。2019年9月27日，習近平在全國民族團結進步表彰大會的發言中指出，我們必須與各民族共同團結奮鬥，才能把「**中華民族共同體意識鑄牢，共同繁榮發展，推動中華民族走向包容性更強、凝聚力更大的命運共同體**」⁽⁶⁾，從而達到「**共建美好家園，共創美好未來**」⁽⁶⁾的目的。可以這樣説，經過歷年的實踐奮鬥，現今中國已成功地走出了一條中國特色解決民族問題的正確道路，樹立了「民族多元一體」的新文

化、新文明格局；開闢了各民族，平等團結、互助和諧、合作創造的新發展模式。我認為，這一模式也可給「一國兩制」模式的構建作參考；還可供世界其他國家、民族參考和借鑒，共同推動世界文明繼續和平有序地向前發展。

最後，讓我再引用習近平在中國共產黨第十九次全國代表大會上的報告中的一段話作為總結，他說：「**世界命運握在各國人民手中，人類前途繫於各國人民的抉擇。中國人民願同各國人民一道，推動人類命運共同體建設，共同創造人類的美好未來！**」⁽⁴⁾ 我殷切希望人類能為自己未來的發展作出正確的抉擇；為世界新文明的建立，為人類命運的進化，多排除些障礙，多創造些條件。

參考資料

(1) 張燕主編，《震撼世界的中國》，浙江人民出版社，2017年，106頁。

(2) 哈拉瑞著，《人類大歷史──從野獸到扮演上帝》，林俊宏譯，2014年，467頁。

(3) 《習近平總書記系列重要講話讀本》，中共中央宣傳部（2016年版），學習出版社、人民出版社，（2016），264-266頁。

(4) 《決勝全面建成小康社會、奪取新時代中國特色社會主義偉大勝利》，習近平在2017年10月18日，中國共產黨第十九次全國代表大會上的報告，第十二段：〈堅持和平發展道路，推動構建人類命運共同體〉。

(5) 習近平：〈推進國家治理體系能力現代化〉，中共中央政治局第十七次集體學習，《文匯報》，2019年9月25日，A8。

(6) 習近平：〈各民族共建美好家園共創美好未來〉，全國民族團結進步表彰大會講話，2019年9月27日，《人民日報》海外版。

第8章
進入新時代影響人類命運未來發展及進化的路向

中國進入新時代，會繼續怎樣去發展中國特色社會主義，使他可持續發展，現今不但是中國人民所非常關切的問題，也是世界各國所非常關切的問題。因為中國的未來發展，會影響到全球的未來發展，並且對人類命運未來發展的路向和進化的進程等，也會起到關鍵性的作用。

習近平曾經指出過，中國「只有立足於時代去解決特定的時代問題，才能推動這個時代社會進步，只有立足於時代去傾聽這些特定的時代聲音，才能吹響促進社會和諧的時代號角。」[1]　謝伏瞻在《構建新時代中國特色社會主義政治經濟學》一書的代序中，指出：「總之，人類向何處去，社會主義向何處去，當代中國向何處去，中國共產黨向何處去，這些時代之問，人民之問，這些重大理論和現實問題，集中到一點，就是『新時代堅持和發展什麼樣的中國特色社會主義，怎樣堅持和發展什麼樣的中國特色社會主義』這個重大時代課題。」[2]　而習近平「從理論和實踐的結合上系統回答了這個重大時代課題，創立了習近平新時代中國特色社會主義思想。」[2]　現今中國已有許多政治經濟學方面的學者和專家在進一步深入研究、豐富和發展新時代中國特色社會主義以及習近平新時代中國特色社會主義思想的理論和實踐方面的許多基礎性問題，而我也本着想清楚了解人類命運演進的印跡和路程，與中國特色社會主義的構建和發展等關係的問題，在這裏提出一些我的意見和看法，與大家交流和作學術方面的探討和討論。

中國共產黨十八大以來，習近平「一再倡導構建人類命運共同體。」因此，「**構建人類命運共同體思想已經成為習近平新時代中國特色社會主義思想的重要組成部分，成為當代中國對世界的重大理論貢獻，正在成為中國引領時代潮流和人類文明進步方向的鮮明旗幟。**」(3)

王公龍等在他們所著的《構建人類命運共同體思想研究》一書中指出：「人類命運共同體最初是作為國際政治理念而提出的，學術界對人類命運共同體的研究也是從這一領域開始起步的。隨着研究視野的拓展和領域的擴大，研究的視角也呈現出日益多樣化的發展趨勢。從國際政治視角看，有學者認為，人類命運共同體的提出表明，一種以應對人類共同挑戰為目的的全球價值觀開始形成，並逐步獲得國際共識。這一全球價值觀包含相互依存的國際權力觀、共同利益觀、可持續發展觀和全球治理觀。人類命運共同體的提出是對國際秩序的完善。人類命運共同體追求以合作共贏為核心的新型國際關係，它為21世紀國際關係發展提供了新思路。從中國外交視角看，有學者提出：人類命運共同體是新時期中國外交的一面旗幟。人類命運共同體是中國新型大國外交的理論與實踐，它超越了相對簡單的自由貿易投資等驅動的利益共同體，還包括在政治、安全、社會等更深層次上的國際合作。中國領導人所提出的『命運共同體』建設，在認識上克服了要求各國具有同質性才能有成功的共同體發展的『歐洲經驗』的局限性，在方法論上超越了國際系統中權力競爭必然湅化國家間利益衝突、穩定只能來自於『力量均勢』或者『霸權穩定』的理論約束，而是將各國發展只能共贏的現實與21世紀人類共同命運的哲學思考發展為外交政策的理論內容。從中華傳統文化視角看，

有學者認為人類命運共同體與中國傳統『和文化』關於世界及人類如何存在、如何發展的觀點具有貫通性，既傳承了傳統『和文化』理念，又適應了當代世界和平發展的現實需要。習近平總書記提出的構建亞洲命運共同體主張，繼承和發揚傳統的儒家思想為主要特徵文化觀，但不主張重返中華古代封貢體系的舊範式。正是基於中華優秀傳統文化，人類命運共同體思想呈現出鮮明的中國特色、中國氣派、中國風貌。它源自中華優秀傳統文化，以東方文化價值觀為內核，勾劃出不同於西方的新型文明交往範式。」(3)

「**構建人類命運共同體是中國領導人提出改造世界的新思路和新方案，表達了當代中國對未來世界和人類文明進步的深遠思考**」(3)「**和關注世界未來和人類前途命運的理論**」，「**是關注人類存續和前途命運的共同體思想**」。(3)但這一「共同體思想」，我認為，除了可以用來改造世界的新思路和新方案，影響世界和人類文明進步的方向，影響世界未來和人類的前途命運以及人類的存續之外；更重要的是，同時可以用來（或向內延伸，look inward），協助解決中國人民自身的持續存活和發展等的問題。對於這一方面的問題，似乎討論的人比較少，在這裏我拋磚引玉，提出一些我的看法。

中國的發展進入新時代；習近平在2012年11月29日參觀《復興之路》時提出：「**實現中華民族偉大復興，就是中華民族近代以來最偉大的夢想。**」(4) 中國夢的一經提出，成為中國發展進入新時代的「**最響亮、最有感染力、使用頻率最高的詞語，成為激勵中華兒女團結奮進、開闢未來的精神旗幟。**」(4) 習近平在參觀《復興之路》時，是首次對中國夢的深刻內

涵以及其實現途徑作出了闡述，他指出：「**實現全面建成小康社會、建成富強民主文明和諧的社會主義現代化國家的奮鬥目標，實現中華民族偉大復興中國夢，就是要實現國家富強、民族振興、人民幸福，既深深體現了今天中國人的理想，也深深反映了我們先人們不懈追求進步的光榮傳統。**」[4]

顧保國在他所著的《偉大的夢想》一書中，有這樣的一段話，我很贊同，他說：「中國夢表達的是中國人民千百年來的期盼，其背後蘊含着中國人特有的思想。文化對於思想的塑造有着直接的關係。長期以來，中華文明帶給中國人民的強烈民族自豪感和文化自豪感，構成了實現中華民族偉大復興的大眾心理基礎和基本精神動力。」[4]

「就『和諧』來講，中國夢蘊含着和諧中國與和諧世界兩個方面的內容。一方面，『和諧中國』，即實現國內環境的穩定。中國夢包括政治、經濟、文化、民生、人與自然等多方面內容，加強法制建設、調整經濟結構、發展文化產業、關心百姓生活、建設美麗中國等一系列舉措都是在為建設『和諧中國』而服務。另一方面『和諧世界』即多民族、多種族和諧共生、共同發展。這種包容性的世界觀正是『和』的體現。從歷史發展來看，很多大國的崛起都是用粗魯野蠻的方式實現的，而我們提倡的這種『和諧』的理念恰恰奠定了中國走和平發展道路的基礎，我們願與世界各國互幫互助、共同發展，這也充分展現了我們的大國姿態。」[4]

「中國文化博大精深，源遠流長，順應現在文化『走出去』和『引進來』的思想浪潮，充分利用『軟實力』的力量建設『文明中國』是實現新

時代的『文化夢』的現實要求。」(4)

「除了中國文化，中國夢也充份繼承了偉大的民族精神，波瀾壯潤的歷史鑄就了不朽的民族精神，這種精神力量如基石般支撐着中華民族偉大復興的事業不斷前進。中華民族精神是中華民族在社會歷史發展過程中形成的，是中華文化最本質、最基本的體現，是中華民族的靈魂，它以愛國主義為核心，以團結統一、愛好和平、勤勞勇敢、自強不息為主要內容。」(4)〔註：這裏顧保國所指「中華民族的『靈魂』」，我相信，他指的應該是一種高的或非常高的中華民族的精神或精神境界，因為世界上是沒有『靈魂』這樣東西的。〕

「中國夢繼承了中華民族的愛國主義、集體主義民族精神。中國夢所包含和顯現的強烈愛國主義精神正是中華優秀傳統文化的核心和基石。愛國主義精神是凝聚人民力量的精神根基，『實現中華民族的偉大復興』，正是愛國主義精神強有力的吶喊。我們強調集體利益的同時也從未否定過個人的利益，但是我國的傳統道德強調的就是當集體利益與個人利益發生衝突的時候，集體利益是高於個人利益。中國夢既要實現民族復興，也要實現人民幸福；既要建設『強盛大家』，也要保證『幸福小家』，二者相互依存，這種群體文化精神正是中國夢對集體主義精神的體現。同時，中國共產黨人以高度的理論自覺和文化自信，不斷推進優秀傳統文化與社會主義先進文化的互動融合，使優秀傳統文化創造性轉化成為中國特色社會主義先進文化的不竭源泉，使民族復興中國夢的文化根基不斷得到鞏固。」(4)

「中國夢最大限度地增強了人民群眾的民族自豪感和國家歸屬感，強

調了人民群眾的積極性和創造性，推動建設中國特色社會主義社會和全面實現中華民族偉大復興的進程，讓中國以更加富強的姿態展現在世界面前。」(4)

我認為以上的闡述雖然很清晰和理性，但假如最後的目的是「讓中國以更加富強的姿態展現在世界面前」，我認為這可能會有些問題，因為怕引起各種誤解。我相信中華民族的復興，不是要讓『中國富強』變成為『中國第一』或要突出表現『中國富強的一面』去搞什麼霸權主義或任何形式的霸權主義，來替代美國現行的霸權主義；而是要中國盡力做到，讓人類命運的進化可以順利地展開，讓人類文明交流互鑒可以進一步得到大家的肯定和夯實，讓人類可以幸福地生活在這地球上。因為只有這樣，人類文明進步和世界和平的道路，才能和諧健康地發展和穩步向前邁進。

習近平在2019年5月1日出版的第9期《求是》雜誌的文章更進一步強調指出：「文明交流互鑒是推動人類文明進步和世界和平發展的重要動力」(5)。因此，我相信進入新時代，中國的目的，是希望做到能讓中華文明與世界上其他的文明更有效地相互平等地交流互鑒，從而推動人類的整體文明不斷進步、提升及發展。換言之，中國的目的，首先就是要維護和鞏固現今世界上的多種文化與文明能共存和一齊共同發展的格局，避免世界上的多種文化與多種文明有可能會朝着走極端、封閉的、互相排斥、相互不斷爭鬥的態勢和方向發展，使多樣性的文化與文明漸漸邁向單一的（或名存實亡的多樣文明）路徑進發。

總的來說，我想中國復興的目的，可以綜合成以下幾點內容：

(1) 為中國人民打造一個穩定和能長久安居樂業的政治經濟環境；為中國和人類樹立一個以人民為中心的發展理念；

(2) 為中國建立一個能全心全意為人民服務、為中國人民謀幸福、勇於擔當負責、積極主動作為、能吃得起苦、享受在後、勤奮工作、廉潔奉公、能拼搏奮鬥、敢於直面風險挑戰、能不斷自我革新、不貪圖私利的、不搞形式主義、不搞官僚主義、守法守規、能讓人民可以放心信賴的、穩定的政府領導層。同時，還希望這一政府領導層，擁有開放的心態和思想、實事求是、與時俱進、具發展的眼光和思路、能適應新形勢、識別新事物；並在完成任務的實踐過程中，能發揮好銳意進取、大膽探索、勇於創新等的能力，來積極推動中國的特色社會主義社會不斷向前發展〔註：以上部分意見，是參考、綜合和分別引用了幾位不同作者的資料（6）（7）（8）〕

(3) 為中國人民和人類共同構建一個可持續發展的、美好的自然生態環境；

(4) 為中國人民建立一個能安全和幸福生活、消除鬥爭及戰爭的和諧社會；

(5) 為中國人民在世界上樹立一個具有高尚和高度包容的道德文化的國家形象以及具有先進的理性文化的國家形象，並能以社會主義及人文主義的核心價值觀，引領全球的經濟和文明建設向前健康發展；

(6) 通過努力和堅持把全人類文明的進步，不斷地推向更高的發展層次和水平；主動開拓各方面的創新精氣神，並能自覺地埋頭苦幹、真幹實幹，推動解決人類命運進化所要面對的困難問題和各種挑戰；

(7) 不斷提供條件和機會，讓中國人民和人類自身的潛能發展至可以不停地去創新、創造；並使人類命運的進化，可順利地和持續地向前邁進和不斷提升；

(8) 實事求是，而不是空想地，將人類引領至人類精神文明的更高境界，從而進一步夯實中國人民對特色社會主義的信念及熱愛，鞏固世界各國對中國建立中國特色社會主義社会和建立人類命運共同體的客觀需要的認同，以及助推人類命運進化的路程　，朝着積極正確（positive）的方向繼續發展；

(9) 讓人類可以通過或有效地利用各種科學的理論和方法（包括辯證唯物論的理論和方法）以及智能科技等為基礎的實踐及信念，達到人類生存繁衍和社會繁榮的目的，而無須單單依靠或過度依靠所謂信仰的力量來推動和達到人類生存、繁衍和人類命運進化的目的。因為從人類命運的發展史，我們可以清楚看到，如果人類命運的進化，單靠或過多的依靠信仰的力量，那就非常容易為人類帶來各種無休止的摩擦和爭鬥（因為信仰往往容易牽涉太多非理性的和糾纏不清的情感和情緒成分在內）。進入新時代，我認為，我們應該讓從依靠和利用歷史遺留下來的那些「導人向善」的所謂「信仰力量」，逐步把他們融入（incorporate and integrate）（但要排除那些迷信的部分）以「**理性、科學、實事求是**」為基礎及導向的方法和信念，來達到人類生存、繁衍和人類命運進化的理想目的。

我認為「信仰的力量」，作為助推人類命運進化的一種輔助性的力量，是有用和會永遠存在的，因為「信仰」，無論是宗教信仰，抑或政治信仰，似乎都是在人類歷史文化及文明發展演變過程中形成、沉澱、遺留和傳承下來的東西。而綜觀人類文明的發展史，又可以看到，人類都似乎需要用「信仰」來滿足和解決人在這方面的心理需求或心靈慰藉，以及增進人類戰勝惡劣的自然環境的信心。因此，我認為「信仰」是一種助推人類命運進化不可或缺的重要內容及要素，是無法否定的歷史事實。此外，從人的生理和心理的需求角度來看，各種「信仰」或「信仰文化」似乎在一定程度上，是都可以促使人類有效控制或抑制其「動物本能」（animal instincts）（例如暴力傾向、攻擊殘忍性能、邪惡思想以及許多非理性的行為）及發揮和利用其腦力智能，向善本能（如釋放愛心（love）、慈悲心（kindness）、同情心（sympathy）、同理心（empathy）等）來鞏固人類社會的凝聚力、價值取向、文明觀、人道主義等，從而推動和促進人類可以更安全、更美好地生活、生存和不斷繁衍下去的目的。但另一方面，假如我們都非常堅決和固執地各自守着一種信抑（並信以為真的認為這是世界上唯一的真理或普世價值），那麼我們人類就必定會墮入相互排斥，停止不了的「文化衝突」、「文明衝突」、「政治衝突」、「宗教衝突」、「意識形態衝突」的陷阱之內，而不能自拔。這樣人類命運共同體的構建，很明顯的，就會較難實現。因為人類命運共同體的最基本原則就是：容忍和允許不同的信仰，理性地同時存在及和諧地發展；即是説，依照求同存異的精神，和平的原則，可以有尊嚴地永續共存下去！（請同時參考第9章的有關論述）；

(10) 努力提倡、促進和利用實事求是、科學理性、價值理性、道德理性、情感理性、正義理性、公平理性、法規理性、等理性思維及理性實踐方式，推動人類命運能夠不斷地進化及發展，使人類命運共同體的構建和可持續發展，能早日得到全面落實；

(11) 盡早為世界建立一個先進的（包括適合老年人居住和幸福地生活的環境）、能自我調節的、與時俱進的、文化多樣性的、全球性的、和諧的、能不斷創新的、高智能化的、高度文明的、高社會情商的、屬於全球的（worldwide）人類命運共同體。這一全球性的人類命運共同體的理想目標，必須符合和能滿足人類共同的利益，並可自身長期穩定地持續發展下去。其次，從人類命運的進化以及人類社會的整體發展的角度來看，我認為，由各種不同類型的命運共同體（見第9章的有關論述和分折），共同組成的這樣一個世界性的，多樣性的全球人類命運共同體，不應被視作為是一種過渡性的人類命運進化的目標，而是一種能與時俱進（progressive）、充滿生機活力（dynamic）、可持續發展（sustainable）下去，並能保證人類能順利地和平發展和進化的最終的最理想的目標。我相信，這應該就是人類自有文明以來，長期在追求和想實現的，最具實質性的（而不是空想的）大同世界吧！

現今我們已進入歷史的新階段或新時代，中國已開始朝着這方向邁出了第一步，但要全人類都行穩致遠地順利走完這一段新的路程，估計需要很長的時間——幾百年、上千年！ 而且這一段路程肯定也會讓我們人類走得

很艱難和非常辛苦。不過我深信，只要我們中國人（包括全人類） 能始終共同堅持這一信念，在實踐和抓落實的過程中依靠信心、信念、科學、理性，智慧以及一個實事求是、清正廉潔、思想開放、肯擔當和全心全意為人民服務的政府以及國際組織來引領（像聯合國那樣的組織？），這一目的一定是可以達到的（希望不需要千萬年）　[註：但從宇宙進化的角度，萬年也只是一瞬間的時間！]　。我們每一個人可以試問一下自己，還有其它更好的讓人類命運可以平安順暢地在這地球上進化的路，供我們人類選擇嗎？

2019年9月27日，在中華人民共和國成立70周年之際，國務院新聞辦公室，發佈了一份《新時代的中國與世界》白皮書；白皮書指出：「**中國的發展離不開世界，世界的和平發展、繁榮穩定離不開中國。中國始終把自身發展置於人類發展的坐標系中，堅持合作共贏、共同發展，堅持維護和推動經濟全球化，積極發展全球夥伴關係，堅定支持多邊主義、維護國際公平正義，推動共建一帶一路高質量發展，積極參與引領全球治理體系改革和建設，始終做世界和平的建設者、全球發展的貢獻者、國際秩序的維護者。**」(9)

但遺憾的是，近期在香港有些人，卻看不到中國把自身的發展置於人類發展的坐標系中這一目標，而經常做出一些違背中國和人類發展的傻事蠢事，這在2019年6月開始在香港出現的「修例風波」，便可以看得一清二楚。而這一事件之所以發生，究其原因，我認為，主要是因為香港特別行政區自成立以來，歷屆香港的當政高官們，都沒有對香港市民（特別

是對香港青年人）的愛國教育，予以足夠的重視；同時也沒有有系統、有計劃、具針對性、有目的地，把香港的建設，打造成為一個能從「一國兩制」慢慢轉變為一個可以成功地協助國際了解中國、發展中國，同時又能在許多方面可以引領全球治理體系的改革和建設的參與者和貢獻者；而是過度放任香港，採用無目的、太寬鬆的政策，讓它長期只滿足於在一個舊的治理體制組織架構內打滾，而不再求進。因此，官員的思想變得愈來愈僵化，行政方面愈來愈故步自封，把香港原有的治理模式和思維方式予以固化，成了井底之蛙，而無法與時俱進地自我調整、改革、創新，以及提升香港人對祖國的歸屬感和認同感，來與內地合力探索和推動構建兩地，怎樣才可成為一個未來具有強大生命力，共命運、共發展、共進步的共同體。我認為，香港在治理方面的短視和出錯，必須盡快予以糾正！香港在這方面的短板必須愈快補上愈好！不然，香港將會變成中國未來發展的一個不大不小的包袱；一個讓香港的反中勢力和美國等西方國家，衝擊中國、打垮中國的前哨站。

而更可恨的是，香港有些人和美國政府，美國共和、民主兩黨，都妄想利用香港來打造西方民主高地，來滲透及搞亂中國。2019年10月1日，習近平在慶祝中華人民共和國成立70周年大會發言時針對這些人和勢力，給出了明確的回答，他說：「今天，**社會主義中國巍然屹立在世界東方，沒有任何力量能撼動我們偉大祖國的地位，沒有任何力量能夠阻擋中國人民和中華民族的前進步伐。**」[10]　因此，港人必須學懂，怎樣去有效的配合中國的決心和國策，才是香港未來發展的最佳保障和出路。

小結

從人類社會的發展角度，較籠統和宏觀地（再不作細分）我們現今可以看到，人類命運演進的路程，扼要地來說，都或多或少、或長或短，經歷了以下發展階段，即：（一）封建主義社會階段；（二）資本主義社會階段；（三）社會主義社會階段。現今世界上大多數的國家，可以說都已脫離了封建主義社會階段，有些已進入了資本主義社會階段，有些國家則由封建主義社會階段直接進入社會主義社會階段，而沒有真正的經歷過資本主義社會發展階段。只有少數的國家，仍還在第（一）階段，繼續延留和徘徊着。

但由於資本主義社會和社會主義社會發展的成熟度，存有相當大的差異，因此形成了不同的國家，會出現各種不同類型的資本主義社會，以及各種不同類型的社會主義社會、社會組織結構、表現形式，形成一種我命名為：「社會發展階段成熟度多樣性」（Diverse stages of societal development and maturity） 的格局。[註：如要簡化一下，可以用：社會階段多樣性（Societal Diversity）來形容] 。而這種社會發展多樣性的格局，我相信會長期地存在下去。假如這種多樣性的格局可以持續長期地發展下去的話，那麼客觀地將會出現兩種情況，那就是：（1）各個在不同發展階段的國家，可以和平共處地形成各種不同類型的共同體，長期存在下去；或（2）各國可以採取相互之間不斷對抗、鬥爭、弱肉強食的方式，長期存在下去。很明顯的，如要人類命運的路程能順利地朝着和平發展、高度文明、不斷提升及進化的高層次方向邁進，人類只有一條路可選擇，那就是中國所倡議的，

人類必須從今往後齊心合力共同去構建各種不同類型的人類命運共同體（見第9章的有關論述）；其他的選擇，我認為都只能讓人類痛苦而漫長地走向滅絕之路!而對香港來說，只有與中國內地（特別是與粵港澳大灣區內的城市）形成一個，我命名為：「城市群共同體」或「城市群命運共同體」，就最為實際和合符理想的路向。

最後，我想指出，從這次新冠肺炎疫情的防控、擴散及其對世界經濟的影響，可以清楚看到，人類是一個休戚與共的命運共同體。因此，盡快樹立人類命運共同體意識和共識，對推動人類命運的進化，非常重要和關鍵。

參考資料

(1) 習近平：〈問題就是時代的口號〉，2006年11月24日，載習近平《之江新語》，浙江人民出版社2007年版，第235頁。

(2) 謝伏瞻代序，〈時代精神的精華 偉大實踐的指南〉，《構建新時代中國特色社會主義政治經濟學》，蔡昉、張曉晶著，中國社會科學出版社，2019年，第7頁。

(3) 王公龍等，《構建人類命運共同體思想研究》，2019年，人民出版社，第1-3頁。

(4) 顧保國著，《偉大的夢想》，2019年，北京聯合出版公司，第40-41，49-51頁。

(5) 習近平，〈文明交流互鑒是推動人類文明進步和世界和平發展的重要動力〉，《求是》第9期，2019年5月1日。

(6) 習近平，〈關於堅持和發展中國特色社會主義的幾個問題〉，《求是》第7期，2019年4月1日。

(7) 央視快評，〈中國特色社會主義道路必將越走越寬廣〉，香港《文匯報》，2019年4月2日。

(8) 習近平講話，2019年5月31日，〈不忘初心、牢記使命〉主題教育工作會議，香港《文匯報》，2019年6月1日。

(9) 國務院新聞辦公室，2019年9月27日發布：〈新時代的中國與世界〉白皮書；香港《文匯報》，2019年9月28日。

(10) 習近平，2019年10月1日，在慶祝中華人民共和國成立70周年大會上的發言，香港《文匯報》，2019年10月2日。

第9章
人類命運的進化及人類命運共同體的演進
與人類社會可持續發展的關係

　　人類因為喜歡群居，便形成許多大小不一的社會族群或集群（societal groupings），並以社會族群的組識結構形式，在地球上生存、生活、繁衍、發展和進化。由於這一原因，在第8章我指出，人類命運的進化與社會的發展，是有着密切關係的。而這一關係，使人類與社會形成一種相互依賴、彼此影響和積極互動的複雜、有機、且相當具活力（dynamic）的共同體框架結構（community　structure）存在着。這種共同體框架結構，自從人類進化至今（特別是由於大腦的高度進化和發達），形成一種相對來説，頗為獨特和穩定的框架結構（unique and relatively stable community structure）即：國家（nation），在地球上持續不斷地發展和進化着（persist，develop and evolve）。因此，單從進化的角度來衡量，這頗為穩定的結構形式（dynamic yet stable structural form）我相信是會在地球上千年、萬年，持久存在下去的。由於有了這一時間上的無限性基礎，因此，我們便可以將這種框架結構，進一步有效地和有目的地在不同的時間，構建各種不同類型、不同功能、多元的人類命運共同體。這看來已是無法逆轉的趨勢；這也許就是人類長期追求要構建和達致的「理想」或「大同」世界吧（ideal world）！

　　人類命運共同體，這樣一種框架結構的存在形式及功能，所呈現的多

樣性特質（diversity），如同「生物多樣性」（biodiversity）一樣，能為人類命運和人類文明的發展及進化，提供無數不同的選擇及可持續發展的方向和元素（directions and elements of sustainability and evolution），而這些元素回過頭來，又會滋潤和推動人類命運共同體自身的發展。但姑勿論人類命運共同體的框架，呈現怎樣的多樣性、不同的功能、擁有怎樣的組成元素，就每一個人類命運共同體的組識結構的存在形式，形態、運作方法和發展方向等來說，是都與人類社會本身的發展形態（pattern of societal development and progress）；人類的社會心理素質（social psychology）的變化；社會情感形態（social-emotional-structural features），以及人類行為（human behaviour）不經意的表現或無意識的「披露」（unconscious revelation）；一些屬「原始動物」（primitive animal）遺留下來的，下意識或潛意識的慾望／恐懼等的湧動、釋放或爆發（exposure of subconscious hidden feelings）等，都有着密切的關係；並受着他們時時刻刻的影響（在有些情況下，還被他們間接或直接地支配着）（例如，社會上出現的許多互聯網上和網下的群組（crowd）活動、社交媒體（social media）的互動，以及一些具規模的群眾運動、群眾暴力等）。而大家都知道，社會學、社會心理學以及人類行為學等，則又是專門研究和探討這方面的有關問題和知識領域的專門學科。因此，假如我們對社會學、社會心理學以及人類行為學這些學科，有一定的認識或從中掌握更多的認知方法，這對我們了解人類命運以及人類文明的整體進化過程的認知，對怎樣去更有效和實事求是地構建人類命運共同體，肯定會有很大的幫助。

現今，社會學、社會心理學以及人類行為學，這些學科已積累了相當多的研究成果[註：對這些科目有興趣想更深入了解的讀者，我介紹大家參考一下下列的專著：（1）（2）（3）（4）（5）]。但可惜的是，這些學科似乎還無法説明人類命運共同體（這樣的一個框架和存在形式、組識、運作方法和發展方向，以及最重要的，其理想和行動目標等），與社會學、社會心理學以及人類行為學等（所顯示的各種人類與社會的現象），為什麼還無法拉上關係？更準確地説，兩者到底是否有關係？

問題的提出，我想主要是因為：1.人類命運共同體，還在相當初期的構建（可以説才剛剛開始），快速發展，以及不斷創新和持續演變的初級階段（initial stage）；2.社會學、社會心理學以及人類行為學等，西方的學者的研究較多、成果也多。而中國的學者，在這方面的研究，則還相當滯後和少。其次，西方的學者和研究者對中國所倡導的構建人類命運共同體的概念和目標，暫時還不大了然。為了進一步深入探討、分析有關人類命運進化的路程，以及人類命運共同體的存在的最優和最理想的形式、組識架構、運作方法、運作模式和發展方向等問題；以及看看他們與社會學、社會心理學以及人類行為學等是否真的可以拉上關係（假如真的有關係的話，那麼又會是怎樣的一種關係）？我想，這應該是我們關心這些問題的學者，有責任（也是急需我們）去研究及作出解答的。

在這裏我拋磚引玉，用社會學、社會心理學以及人類行為學等方面的有關資料、研究成果和理論，試圖先把這一方面的問題作一初步的較為

籠統的梳理和回答；並希望通過這些研究，創建一條探索、分析和闡釋有關人類命運進化的新路徑；以及構建各種人類命運共同體最理想的行動目標；同時還希望在構建人類命運共同體的發展過程中，尋找到屬於人類命運共同體自身的發展規律。

但在探討這些問題和新路徑之前，我想先把人類命運共同體在構建和實踐方面的一些最新發展、思路、理想、目標，以及我對整個人類命運共同體的整體進化形式和發展方向等的分析，扼要地提出一些具體的建議和方案，以方便討論；並讓我們可以進一步更深入地去理解有關人類命運共同體的特質：特別是有關人類命運共同體的整個體系的構建，與社會學、社會心理學以及人類行為學等，所顯示出來的各種現象的關係及問題。

（一）對構建人類命運共同體整體框架結構形式的組成的分析

進入新時代，我認為對驅動人類命運進化的最重要的一項發展，就是中國所倡議的希望世界各國，能夠共同齊心合力來構建人類命運共同體。有關中國在這方面的具體論述、行動、做法等；近期，我在我所出版的第二和第三本書中（即：《人類命運演進的動力——選擇和抉擇》；以及《人類命運進化的基石和元素》），已有所涉及，所以這裏就不重複了。由於構建人類命運共同體在實踐過程中，不斷有新的觀點、新的具體內容、思路和發現湧現出來，所以我在重版這本書時，增補了一些我所察覺和了解到的、新的，有關人類命運共同體的資料和問題，以及我對他們的看法和意見（同時參考第8章有關的論述）。特別重要的是，我在上面已指出過，

我發現在構建人類命運共同體的過程中，其中有一個問題是很少有學者研究和探討的，那就是有關人類社會心理（social psychology）、人類行為（human behaviour）、以及人類行為經濟（human behavioural economics）等所顯示的，人類命運的進化與人類命運共同體的構建之間，所存在的關係，以及那些關係又是怎樣互相影響、互動、相互作用的？怎樣驅動人類命運進一步演進？等問題。而更重要的是，現今我們正在剛剛開始構建的各種人類命運共同體，到底是我們要達到的一個暫時性的過渡目標？還是我們正在不同領域構建的人類命運共同體（不管是哪一種類型），是一個我們人類長期在追尋和希望到達的最終的和最理想的目標？這些問題，也需要我們研究和解答。下面我先扼要地闡釋一下這些問題主要涉及的範疇，然後提出一些我的看法，供大家參考。

我認為構建人類命運共同體，不應是我們的一個過渡性的目標，而是一個最終目標。但首先我想指出的是，人類命運共同體最終的框架結構和運作行動模式，不是停滯不變的（static）一種模式，而是會通過實踐，與時俱進地不斷革新、自我優化、自我完善、可持續發展（sustainable and progressive）的這樣一種模式。為了方便下面的討論起見，這裏我將人類命運共同體的框架，用圖表的方式顯示出來 （見圖9.1） 供參考 。並説明如下：

假如我們把圖9.1所示的這一人類命運共同體框架，視作為一座房屋（house）（譬如：又有點像聯合國這樣的組織），而這一座房屋是由三個

人類命運共同體

驅動人類命運進化　　驅動人類命運進化　　驅動人類命運進化

I	II	III
人類社會（發展）命運共同體	**人類地區性（發展）命運共同體**	**人類功能性（發展）命運共同體**
基本結構形態：	基本結構形態：	基本結構形態：
1. 以國家形式出現	1. 海洋安全命運共同體	1. 人文發展命運共同體
2. 結構形態多元化	2. 太空安全命運共同體	2. 人類社會行為準則命運共同體
3. 國家/社會形態都各具特色	3. 合理利用南極和北極命運共同體	3. 經濟全球化/開放型/多邊主義/自由貿易命運共同體
4. 含歷史文化傳統特質	4. 合理利用地球資源命運共同體	4. 網絡空間及人工智能命運共同體
[註：維護/支撐結構的穩定性要素，包括：和平/合作/共享/安全/平等/包容/尊重/互利共贏/安危共擔/共同繁榮等]	5. 生態環境命運共同體等等......	[註：根據需要形成組合]
	[註：以上命運共同體需經常地作出一些協調，才易於使其持續發展]	

圖9.1構建人類命運共同體示意圖

主要板塊或房間（rooms）組成的，即：

I. 人類社會（性）（societal）（發展）命運共同體；

II. 人類地區性（geographical or regional）（發展）命運共同體；

III. 人類功能性（functional）（發展）命運共同體。

　　這三個板塊，都會分別地及自動地驅動人類命運朝着同一目標演進，即：朝着構建一個可持續發展和進化的全球性的人類命運共同體的方向邁進；最終，形成一個（含有各種類型的人類命運共同體的）全球性的框架組織結構（如：「聯合國」這樣的一個組織架構）。換言之，在這一大型的全球性的房屋框架結構之內，含有三個板塊，而這三個板塊之間，是在結構或功能上，不會有什麼基本衝突和矛盾的，因此也不會輕易產生摩擦的。因為，這三個板塊是一種開放式的結構框架（open structure），是無牆阻隔的（但仍可保持其整體的統一性的特質）。因此，在運作和從功效上來講，他們相互之間不但可以互通、自由流動和交往，而功能上是還可以互相砌合、嵌合、和促進（concord, concur and interact）、互補（complementary）、共生（synergistic）；形成一種你中有我、我中有你的，具包容、融合、相互扶持、動態的一種格局 （fluid, interactive, inclusive and integrative entity）。假如三個板塊之間，真的產生矛盾和摩擦，那麼大家是也可以，讓我引用王公龍等所著的《構建人類命運共同體思想研究》一書中所闡釋[6]的思路，以及人類命運共同體的許多運作和行動目標等原則，如：「合作、包容、共存、共在、共商、共建、共享、共贏 」[6]予以解決。同時，應堅守中國所倡導和必須堅定保持的兩個基本條件（或原則立場，或先決條件），即必須要有：一個「和諧穩定的國內環境」，以及一個「和平安寧的國際環境」[6]才能達到和平地解決各種矛盾的可能及目

的，來構建人類命運共同體。

下面讓我詳細介紹一下，每一板塊或板塊房的組成特點和性質。

I. 人類社會（性）（發展）命運共同體

「人類社會（性）（發展）命運共同體」[註：把（性）（發展）放在括號內的意思是指：「人類社會（性）（發展）命運共同體」，也可以簡稱為（即：省缺（性）（發展）三字），「人類社會命運共同體」來作表述之用]。這一板塊的特點或基本構成框架形態，是以人與社會（等同國家 [註：為了方便討論，下面我只用國家這個概念來替代社會]）為基本單元。因此，在構建人類命運共同體時，國家便成了文明世界發展的其中一個主軸或主角。[註：人類社會命運共同體這一框架結構內，事實上，不單單只存有一個單元（或一個國家）；假如在一個國家之內，存有許多民族，譬如像中國那樣，那麼就可形成「中國民族共同體」，把中國國家內的各民族，更緊密地團結在一起]，而是由多個單元（即多個國家）組成的；這樣，每一個國家作為人類社會命運共同體其中的一個單元，除了一方面要保證只能用和平的方式建立自己的單元（即國家）；另一方面，還要保證國與國之間（即：單元與單元之間）也只能用平等、和平、相互尊重及合作共贏的方式，建立國與國之間的關係。

2019年6月28日，在日本大阪舉行的，二十國集團領導人第十四次峰會上，習近平發表了題為《攜手共進合力打造高質量世界經濟》的講話。他的這一講話，我認為對闡明每一個國家本身，以及國與國之間，在經濟發展的層面，應怎樣構建人類命運共同體的問題，以及對我們進一步了

解，中國所倡導的，怎樣去構建人類命運共同體，有很大的幫助。

他說各國要：「合作謀取互利共贏，引導經濟全球化朝正確方向發展；要胸懷共同未來，立足共同利益，着眼長遠發展，致力於世界持久和平繁榮、各國人民安居樂業。」他認為：「這不但對打造世界經濟來說重要，對構建人類命運共同體，也非常重要。」習近平還提出四點建議，來鼓勵各國携手共進合力打造高質量的世界經濟；而這四點建議，我認為，不但重要，對構建人類命運共同體，也具實際可行的促進作用。其次，習近平在建議中，還加入了一些值得我們深思的新概念，這些新概念也都很具啟發性，值得我們進一步探討和研究。

他說：

「第一，要堅持改革創新，挖掘增長動力。我們要大力推進結構性改革，高質量發展。要營造有利市場環境，尊重、保護、鼓勵創新，提倡國際創新合作。

第二，堅持與時並進，完善全球治理。我們要加強多邊貿易體制，對世界貿易組織進行必要改革，使得世界貿易組織更加有效踐行其開放市場，促使發展的宗旨。要確保金融安全網資源充足，也要讓國際金融架構的代表性更加合理。要落實應對氣候變化《巴黎協定》，完善能源治理、環境治理、數字治理。

第三，堅持迎難而上破解發展瓶頸。中國提出共建「一帶一路」倡

議，目的就是動員更多資源，拉緊互聯互動紐帶，釋放增長動力，實現市場對接，讓更多國家和地區融入經濟全球化。二十國集團應該繼續將發展置於宏觀經濟政策協調的優先位置，增加發展投入。

第四，堅持伙伴精神，妥善處理分歧。二十國集團成員處在不同發展階段，關鍵是要本着相互尊重、相互信任態度、平等協商、求同存異、管控分歧、擴大共識。」

習近平在講話中還強調説：「在携手共進合力打造高質量世界經濟，中國有信心走好自己的路、辦好自己的事，同世界各國和平共處、合作共贏，共建人類命運共同體，為創造世界經濟更加美好的明天不懈努力。」我認為，如要共建人類命運共同體，每一個國家，如都能「走好自己的路、辦好自己的事」，那麼人類命運共同體的構建以及人類命運的和平演進，就容易成功。故此，每一個國家必須首先充分保證自己，都能「走好自己的路、辦好自己的事」。這也可以説是構建好人類命運共同體不得不首先要滿足的先決條件。滿足了這一先決條件之後，再有可能同世界各國，依照休戚與共、和平共處、合作共贏等的原則，共建人類命運共同體。

可惜的是，現今許多國家，似乎都還未能舒暢地走好自己的路，決定自己理想的政制發展模式，以及辦好自己的事。因此，要共建人類命運共同體，每一個國家除了必須解決好自己政治經濟方面的問題之外，同時還要努力把自己的社會方面的各種問題解決好。因此我認為，在共建方面，中國除了要在經濟建設方面起引領作用；同樣重要的是，還要在社會發展

方面，盡快拋開一些舊的思想桎梏和意識形態的束縛，大胆地開創更多具中國特色，而又能為世界各國認同和接受的，新思路、新經驗以及新引領途徑。特別是在怎樣引領青年人——人類的下一代，應怎樣朝着共建人類命運共同體的目標邁進。

不過，實事求是的來説，中國現今的注意力，似乎只集中在引領各國在全球性的經濟建設和貿易方面的發展；而在這方面，大家公認非常重要，而中國在這方面，也已作出了很多努力和貢獻。但是中國在人類社會發展方面的貢獻，則（也得承認）還不是很多。究其原因，我認為這是因為，中國在社會發展方面的開放程度，與經濟貿易方面的開放程度來比，還很不夠；胆子還不夠大，信心還不夠足，軟實力還不夠強，創新思維還不夠多，對於怎樣去有效醫治現今層出不窮的新的「社會病」（society illness）（特別是一些世界性的社會問題及「社會病」問題，如：同性戀問題、生育率愈來愈低、離婚率愈來愈高、單親家庭愈來愈多、西方式的人權過分膨脹問題、西方社會自我中心意識的霸凌問題、一神宗教佔支配地位而排斥其他宗教的問題等）還經驗不足。故此，我們在人類與社會發展方面，還拿不出太多的東西來引領人類命運共同體在這方面的構建工作，更不要説貢獻了 [註：在精準扶貧（2019年底，中國全國將有340個左右貧困縣摘帽、1,000多萬人實現脫貧，到2020年中國絕對貧困問題，將全面得到解決）和推廣人類生態文明方面的建設，中國還是做得很好的，已取得了許多階段性的成果!]。這是我們的一塊短板，是需要化時間去補上的。但假如中國在這方面不急起直追，那麼這必定會影響中國在引領

經濟全球化，以及構建人類命運共同體方面的進程的。我同意江宇在他的《大國新路》一書中提出的觀點，他說：「研究經濟發展的中國模式，不能僅僅局限在經濟領域，而是要把經濟和政治、社會、文化、國際戰略結合起來。」[7] 而我認為，特別重要的是，中國必須要做到戰略性地將經濟發展與社會發展，好好的，用開放創新的思路和方法把他們結合起來。只有這樣，我們才能與歐美等西方社會和國家抗衡，並從他們的壟斷及不斷的壓制和干預中國的社會發展等方面，脫穎而出。中國的角色必須要從被動變為主動，不要讓歐美等西方社會和國家的社會發展觀、價值觀、道德觀、政黨觀等，牽着我們的鼻子走。

另一方面，現今人類已進入了新時代，社會與經濟的治理和發展一樣，是都在朝着全球化的方向發展，可以説大家所要面對的挑戰和需要解決的問題都差不多，共通點很多，例如：怎樣控制暴亂？怎樣打擊毒販、恐怖份子、網上的跨國犯罪？怎樣讓互聯網和人工智能更安全？怎樣教育和引導數字化時代的青年的發展取向？怎樣為他們建立更高的道德標準、行為準則、價值觀，以及包容、平衡及平和的社會生態和心態？怎樣去戰勝人類生活中有時會出現的「不正常」心理狀態和現象，以及群體性的情緒化、不安、憤怒、怨懟、暴力等。包括：空虛無聊（boredom），浮躁（jittery）、不耐煩（intolerant）、無奈感和彷徨感（confused mentality），腦力疲勞（mental fatigue），諸多的不滿、埋怨和焦慮（dissatisfaction, lots of unwarranted complaints and worries），短視（short-sightedness），易被媒體挑動

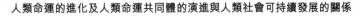

的潛服在心裏的，並能一觸即發的，激動情緒和具爆發性的怒氣、邪惡意識、仇恨意識，暴力傾向等等……。〔註：這些現象，在現今生活在較為富裕的社會環境下的年輕一代，特別容易產生！有人認為，這是一種「後物質時代人類」社會，必定會出現的普遍心理狀態。即：人類在滿足了物質需求之後，所產生的「腦空白」或「腦真空」或「精神空虛」（mental emptiness or mental vacuum）現象（即：缺乏一種積極明確的人生奮鬥目標和生存意義的心態（growth mentality and positive attitudes））。由於這種空虛感的形成，以及一般人都有喜歡不加思考便隨波逐流的（by default）心態的存在，（特別是在一些澎湃失控的「群眾心理」狀態的影響和支配下（under the psychological influence of crowd）；因此，一些邪教思想，無政府暴力行為和思潮，極度的「利己主義」和「自我主義」（excessive egoism）的行為，以及西方的所謂「自由、民主、人權」思想的過度膨脹和長臂管轄行為，就容易乘虛而入，佔領了人的頭腦，影響和控制了人的行為（特別是對心智還未成熟的青年一代，他們就很容易會被別人利用，直接或間接地，在有形無形的手操控的環境壓力（under pressure and stress）以及難以自主的心理狀態的「逼迫」下，做出許多非理性的（有時還是非常邪惡、恐怖和冷血的）危害社會行為！）〕。這在香港2019年所發生的，由於《修訂逃犯條例》所引起的年輕人的各種暴力行為，便是一個實實在在的例子！而更可怕的是，有些青年還不自覺地在過程中墜入一種「仇恨犯罪」（hate crime）的心理狀態，而不能自拔。這就牽涉到一些較為深層次的心理問題：譬如，就拿「仇恨犯罪」來說，已有許多研究顯示，人類之所以會產生「仇恨」心理，從生物進化的角度，是由於人類作為動物，遺傳了動物的一些「原始性狀」（animal instincts or traits）所導致的結果。舉個例說明一下，譬如許多動物都擁有一種保護自己覓食範圍（territory）的

「特性」（instinct）。這種性狀最突出的顯現或表現形式，就是會形成和呈現對外來的競爭者或侵犯者的一種極其強烈的「攻擊意識」或超強的排外性的「攻擊性能」（aggressiveness instincts）的爆發。這種為了保護自己而形成的攻擊性狀，遺傳給了現代人類，便演化成為各種具排斥性或攻擊性的心態和意識，包括：自私、貪婪、嫉忌、仇恨、報復心理、自以為是、自我中心感、自戀意識、強烈的偏見心理狀態、逞強逞能的心理狀態等。因此，當我們現代人，一旦受到外來（即外因）的刺激：譬如受到不平等的待遇、被歧視、被遺棄、被孤立、受委曲、被攻擊等因素的逼迫、挑動等，就非常容易形成（即內因）心理的不平衡及攻擊性心理的產生；而仇恨便是其中一條非常容易引發個人或群體仇恨（mob hatred），非理性的群體思維（crowd mentality）產生和失控的導火線（有興趣進一步了解這一問題的讀者，可看一下 Discovery 頻道的紀錄片：*Why We Hate*）。這種攻擊性心理的產生，往往會超越人的理性和天性中善良的一面，而使一般正常的人，也會做出許多匪夷所思、非常瘋狂及慘無人道之事！〔註：這些現象在文化大革命期間也曾經出現過；而在2019年下半年香港的年輕人的「反修例暴力事件」中則更為明顯；在美國也經常出現〕。

為了補上怎樣有效解決社會上所呈現的這些問題及短板，我認為，我們迫切需要借助社會心理學和人類行為學等來加以幫助解決。

北京大學心理學系侯玉波教授等，指出：「**每個人都生活在社會中，我們所處的社會是一個怎樣的社會，常常決定我們個人的行為選擇。改革**

開放以來，中國社會經歷着前所未有的變革，經濟的飛速發展以及由此引發的諸多問題一直困擾着這個時代的人們。心理學家發現，現在的人們儘管比20世紀60年代的人擁有更多的變化機會和財富，但是人們對生活的滿意感卻比那個時代的人低很多。為什麼會這樣？社會心理學用社會比較理論解釋了這個現象。通過學習社會心理學我們能夠理解自己所處的社會的特性以及在這樣的社會中個體的可能反應，從而有助我們更好地適應社會。」(1)

清華大學心理學系糸主任彭凱平教授(2)同樣也有近似的觀點，他指出：「改革開放以來，國人也對中華歷史上的社會悲劇有過深刻的反省。正是因為有了這些反省，中國才能在很短時間內，痛定思痛，撥亂反正，使我們的社會發生了日新月異的進步，經濟、社會、文化、心理的發展可以說是日新月異，與時俱進。特別是在全球化的互聯網時代，我們的社會心理又發生了很多有意思的變化。每一個人都可以成為社會活動的中心，每一個人都希望成為其他人關注的焦點。這種N=I的社會現象，說明社會心理學一定也會成為我們中國社會的顯學。如何解決中國社會所面臨的心態問題，我們其實可以從美國社會心理學家所從事的工作中得到一定的啟示和借鑒。社會心理學有自己的科學規律，不以人意志為轉移，也不以意識形態為轉移。因此學習邁爾斯的《社會心理學》對我們建設一個文明、理性的中國社會是有現實意義的。」

因此，如要增強我們管理好中國社會（特別是香港社會）以及提高我們管理好一個現代化國家的能力，實現中國的長治久安，在加快促進構

建人類命運共同體的步伐時，我們是有許多東西，需要向外國學習和借鑒的。因此，我們應盡快把外國那些優秀的元素汲取過來，為我們所用。但在學習方面，我們必須站得高、看得遠，才能更好地引領人類命運，朝着正確的方向發展和進化。而在用社會心理學來解決問題時，我認為，我們也不需要亦步亦趨地，依附（或緊跟）着西方的觀點看問題、分析問題，而是應該建立自己的中心思想和遊戲規則，做中國社會發展和新的世界秩序的積極創新者、建設者、推動者、改造者（game changer）。依我看來，在這方面我們似乎還沒有足夠辦法和信心。這我認為，主要是因為我們還沒有在這方面，做足夠和深入的基礎研究（basic research）；或更貼切地說，時至今日，我們還不敢真正地和直面地去，觸碰那些最基本的人的「人性問題」、「人類社會心理問題」、「人類群體心理問題」、「人的心理問題」(特別是有關人性「醜惡、殘忍」的一面，以及人心和思想「脆弱、迷信」的一面) 等；並將他們綜合、引導至朝着人類命運正向（positive）、理性（rational）和正確（correct）的方向發展和進化；使我們可以更好地，將人類命運共同體的基礎打造得更好，夯實得更牢固，從而讓人類命運共同體的構建，不需要再依靠太多難以說得清楚和捉摸得到的，比較玄和虛的概念性的，與宗教、虛無主義、政治教條、宿命論等，有直接關係的「信仰」方面的東西糾纏、混淆、混雜在一起，便可持續發展下去（sustain and develop）。要知道，西方的許多價值觀（或西方所樂道的所謂「普世價值觀」和標準，例如：自由、民主、人權、正義等），我們

中國是都可以從根本上（from their roots），去爭辯、挑戰、批判、否定，並透徹地把他們說清楚、講明白的。不過，如要在這方面做到具成效，我們必須採用科學理性的方法、開放包容的心態以及尋求達致共識的目的去做；而不能用強制和說教的方法，以及狹隘的思想和心態去挑戰、批判和否定他們。而這也應該是，我們教育中國年輕人（特別是香港的青年），怎樣去建立自信、走出虛無及崇洋心理的最佳辦法。要知道，西方國家所倡導的自由、民主、人權、正義等概念的由來（origin），都有他們自身的歷史文化背景，因此在借鑒時，我們必須要為這些概念作出新的、理性的、具說服力的界定和評價，然後再建立我們自己的主見、有關定義和基本看法，並通過持續不斷的深入探討〔註：我想再重複一下，我們特別需要提醒年輕人，對自由、民主、人權、正義等概念，西方的看法和觀點是都可以被挑戰和否定的！〕，讓大家重新去認識自由、民主、人權、正義等的意義。而其意義，對不同的政治文化體制下運作的國家，是可以具不同的和多樣性的形式存在着的，而並不是如西方國家所強調的，世界上只有一種西方國家認可的自由、民主、人權、正義標準！並且還霸道地，只允許用他們認可的所謂自由、民主、人權、正義的定義和標準（事實上是作為幌子），來忽悠和欺壓其他國家，強迫他們就範和認同。

其次，彭凱平教授還指出：「有些人不了解**社會心理學**，往往以為它就是研究社會問題的學科，因此可以由社會學來取代。這是一個誤解。社會心理學研究的是社會問題中「人」心的作用，關注的是在社會環境、社

會關係中人的心理和行為問題。不可否認，所有的社會問題，例如權力鬥爭、政治腐敗、經濟蕭條、惡性競爭等等都包含着社會心理因素，但社會心理學更關注每個人在這種社會環境下怎樣思考、感受和行動。」[2]　這一點我認為尤其關鍵和重要！

我很同意彭凱平教授以上的分析，現今我們生活在一個新時代的特色社會主義的社會，的確特別需要關注的是在新的「社會環境、社會關係中人的心理和行為問題。」因為生活在新時代的特色社會主義的社會，我們所要面對的新問題，不但多而且愈來愈趨複雜和變化多端。假如我們不懂得怎樣去處理好這些問題，那麼我們的社會，就極容易會出現各種亂象。假如是這樣的話，那麼我們就難以保證國家和社會可以長期安定繁榮。同時，我們也必須認識到，各種社會亂象的出現，往往不一定與政治或意識形態有關，而是一種從屬於人類腦子裏存在着的心態或態度（即人性問題）；或更貼切地說，是一種由於受到人類社會環境的倒逼，然後通過腦子的活動（即：內因外因的互動），而產生和呈現出來的心理狀態和行為。包括，譬如說：現今社會上經常裸露出來的各種騙子心態和詐騙行為；青年人喜歡追星（明星、球星、歌星、網紅）的狂熱心理（包括，在西方社會經常出現的，在選舉政治人物時所呈現的狂熱）；老百姓經常喜歡起哄的羊群心理行為；為什麼人或集群有時會莫明其妙地如此激動和情緒化；網上欺凌和霸凌行為為什麼會如此泛濫；網上暴力、冷血、殘忍的言論為什麼會經常出現和呈現失控現象；為什麼有時候會頻頻出現如此多

的群眾性的暴亂、媒體暴力和集體失去理性的行為；在有些莫明的情境下所產生的，群眾性的疲勞心態、抑鬱心態、懶怠心態、麻木心態、焦慮心態、怨懣心態、易激動心態、仇恨心態和憤怒心態及行為等等。〔註：這些心態，香港在這次2019年6月開始的「反修例風波」是可以找到許多具體實例的！見下面的進一步分析。〕

那麼，為什麼群眾有時會這麼容易就失去理性呢？對於這方面的問題，我們了解得實在太少了！

假如認為我在以上的分析，過分誇大了群眾性社會事件和現象的嚴重性，請大家用心地再想一下，在香港2014年發生的「佔中」事件；以及2019年6月開始，在香港發生的連綿不絕的，「反修例風波」，而引發的連串示威暴力事件，便可以有更清楚的認識。

最值得遺憾和可悲的是，這些事件往往還涉及和把許多智力還很不成熟的青少年（我們的下一代！）給捲了進去！這不單單是香港的問題，在西方的許多國家也有同樣的問題，譬如在許多國家出現的「顏色革命」；2018年在法國開始的「黃背心運動」等。這些事件，雖然背後都有着各自複雜的政治原因和誘因；但值得我們關注和研究的是，這些事件，為什麼都吸引了大批的人群的參與；並能在短時間內鼓動、動員和煽動起這麼多的人的參與。〔註：在移動網絡、社交網絡、大數據發達的地區，這種利用移動網絡，鼓動群眾和動員群眾的能力，則更為強大和可怕！如：2011年在埃及發生的，由戈寧在臉書上發起的「阿拉伯之春」運動；又如2019年，在香港發生的《逃犯條例》修例風波，所引發的香港內部的連串示威暴力事件，都是在內外勢力的「督導」下，通過精準運用網絡煽動手法和網絡戰術來發揮作用，以達致發

動者陰險秘密的各種目的。現今網絡的威力是如此之大，已如水銀瀉地般，無孔不入。各種網絡系統，可以隨時借用大數據，社交媒體、縱暴網絡平台（如連登與telegram等），黑客侵入等技術，製造假新聞、假消息，歪曲事實，編輯假故事、假圖片、假場景、虛假真相、荒謬理論、來塑造民意和影響民意；使假的變成真的，真的變成假的；對的變成錯的；形成一種「真理崩塌」的混亂現象，把許多人都推落入一個大的泥坑，讓他們在不知不覺、無意識的情況下（unconsciously）都沉浸在一種心慌意亂、不知所措、不能自拔、充滿疑慮、迷惘無助、恐懼的心理狀態和社會集群性的充滿怒氣和無名悲憤的氛圍（societal group anger！），以及形成一種集體的瘋狂，使參與者自己也可能莫明地陷入一種固化（rigid mindset）和麻木僵化（numb mindset）的心理及思維狀態，而無法用靈活變通的思維方式（flexible mindset）去理性地思考問題和作出正確的判斷。

為什麼會這樣？

這些參與事件的人士的心態，到底是怎樣了？

在這方面，我們知的實在太少太少了!

為了解決這些社會難題，我認為我們需先從人類的社會心理的最基本面着手來了解和予以解決。譬如，先問：

人的「生活的意義到底是什麼？」[1]

這裏我引用侯玉波教授等的觀點來回答一下。

「對於這個問題人們一直在爭論。社會心理學從個人和社會的角度深入地探討了人類生活的價值。從個人的角度來講，要想理解生活的意義，必須先知

道我們最需要什麼。研究者發現，對現在的人而言，生活的意義不在於有錢或名聲響亮，而在於四個方面有優勢。一是能夠自主動力（autonomy）：自己的事情能夠自己決定而不是由他人決定；二是能力（competence）：能有足夠的實力把自己決定的事情或者他人交待的任務完成；三是關係（relatedness）：在生活中和他人建立起密切關係而不是孤軍奮戰；四是自尊（self-esteem）：對自己有清醒的認識和積極的評價。」[1]

對現代的人來說，我認為我們除了傳統的價值之外，我們還要滿足和足夠照顧到人在以上四方面的需求。但我認為這還不足夠，因為人的行為還有非理性的一面（即「獸性」和「邪惡」的一面！），需要「照顧」、克服、遏制及消除。

侯玉波教授等還指出，社會心理學並非是可以用常識來理解人的心理方面的需求的。這是因為，「與人類的非理性特徵有着緊密的關係。人的行為並不是完全由意識與理性指引的，正如弗洛伊德所言，引發行為的原因在很大程度上是無意識的（如性行為、侵犯動機等），人並不能完全掌握自己的命運。Simon關於有限理性原則的研究也支持了這一點。在關於決策的研究中，Simon發現人們遵循的是滿意原則而不是理性原則。更為有趣的是，情緒在很多時候會左右我們的行為，使我們的行為展現出非理性的一面。心理學家開始用社會信念（social belief）來解釋非理性特徵對人類行為的影響，認為人們一旦對某些事件形成了某種信念，要想改變就很困難，這也是人們之所以固執己見的原因。譬如，那些邪教分子為什麼拒絕轉變，就和他們對邪教所持的

社會信念有關。」(1)〔註：有一個很好的例子可以用來解釋，為什麼會產生這種「社會信念」

（social belief），那就是英國要脫歐（Brexit）所產生和形成的「社會信念」這一件事上。〕以上

這些意見和理論，是否能解答我上面所提出的所有問題呢？我不清楚。但

有一點我是清楚的，那就是有關的研究者，都在用不同的方法和角度，試

圖解決這些社會大難題。下面我就具體介紹一下，一般的研究者是用什麼

方法和角度在試圖解決這些難題的。譬如：

（i）利用儒家的修身理念

有關儒家的修身、齊家、治國等的理念，對國家和社會發展的重要性，

已經有很多人強調了，所以在這裏我就不展開討論了。我只想指出，這些儒

家的思想，似乎還不足以解決，現今我們所要面對的各種複雜的社會問題和

現象，以及有效解決新時代所帶來的各種社會挑戰！如：群眾性的不滿情緒的

突然爆發；突發性暴力的出現；恐怖主義的產生；人民的無助心理、無奈感

和怨氣等的無法得到及時有效的發洩；社會加速轉型和人工智能化等，所引

發的人的心理不平衡；社會過度兩極化，所帶來的不滿、衝擊和不穩定；對

中國「和為貴」的傳統概念的重要性的看法的改變和淡化等。

（ii）從培養人格着手

「王登峰和楊國樞等人以中國文化和語言為背景，通過因素分析的方

法確認了中國人人格的七因素結構。這七個因素分別為：

外向性：指個體活躍、合群、樂觀；

善良：指個體利他、誠信、重感情；

行事風格：指個體嚴謹、自制、沉穩；

才幹：指個體決斷、堅韌、機敏；

情緒性：指個體有耐性、直爽；

人際關係：指對人熱情、寬和；

處世態度：指個體自信、淡泊、名利。」（參考[1]）

　　了解以上這些形成人格的要素，姑且重要；但與上面儒家的修身養心理念一樣，似乎也都不能完全解決新時代出現的各種複雜的社會新問題。

　　但這不是說進入新時代，我們可以拋棄利用儒家的修身理念以及培養人格，來解決新時代的社會問題。而是我認為還應增加一些能夠促進人與社會相向而行的正面的「行為因素」（見圖9.2）。

（iii）了解人類行為的表現和形成機制

　　人的行為的表現和形成，是由許多因素相互之間經過複雜的影響而起作用的結果。其機制涉及到一系列多途徑的內（身體內）外（身體外）的各種刺激（stimulating factors）、回饋（feedback mechanisms）等的信息交換，以及經過各種不同的信息（message）的傳遞（transfer）、調節（regulate and moderate）、抑制（inhibition）系統或通道等的途徑的互通和表達，而形成的結果及效果。是一種非常複雜的機制和系統工程。其間，如出現任何問題和差錯（包括時、空方面的差錯和移位），都會引起人的不正常（abnormal）或非理性（irrational）的行為的出現。

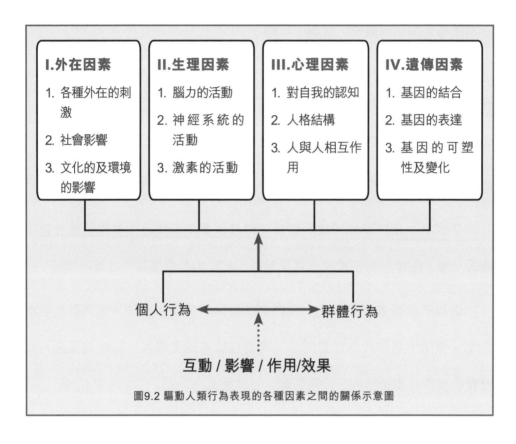

I.外在因素	II.生理因素	III.心理因素	IV.遺傳因素
1. 各種外在的刺激	1. 腦力的活動	1. 對自我的認知	1. 基因的結合
2. 社會影響	2. 神經系統的活動	2. 人格結構	2. 基因的表達
3. 文化的及環境的影響	3. 激素的活動	3. 人與人相互作用	3. 基因的可塑性及變化

個人行為 ←→ 群體行為

互動 / 影響 / 作用/效果

圖9.2 驅動人類行為表現的各種因素之間的關係示意圖

在圖表9.2我試圖簡化扼要地，把影響人類行為的表現和形成的四種主要因素以及他們之間的關係表示出來。

從圖表9.2我們可以看到，影響人類行為的表現和形成的四種主要因素，分別為 (I) 外在因素；(II) 內在生理因素；(III) 心理因素；(IV) 遺傳因素。

(I) 外在因素，包括：各種外在的刺激（external stimuli）；來自社會的各種正負方面的因素的影響（external social influences and constraints —— positive and negative)；文化規範及生態環境（包括：地理環境，例如農村或城市）（ecological and physical environment）

的影響；各種現代媒體（包括：互聯網訊息、互聯網＋技術）的影響；......等；

(II) 內在生理因素，包括：腦力活動；神經系統的活動；激素或荷爾蒙（hormones）的活動；........等；

(III) 心理因素，包括：對自我的認知；人格結構的成熟度；人與人之間的相互關係和作用；......等；

(IV) 遺傳因素，包括：基因的組合；基因的表達；基因的可塑性變化；........等。

以上這些內外因素，都會影響人的個人行為，以及社會群體行為。而人的個人行為，又與社會的群體行為，會不斷的互動及起作用，形成一種綜合性的個人與社会的雙向行為；其複雜性，可想而知。但在這裏我不想就這些複雜問題展開討論和闡釋；我只想就現今研究結果較多的，人的內在生理活動對人類行為的形成這一問題，作一扼要介紹，因為這些行為的形成模式，現今都可以通過設計特定的實驗 (4) 來進行「證明」（prove）。但在這裏我也必須指出，在應用這些行為實驗所獲取來的「證明」時，要特別小心，因為許多這方面的實驗設計，都會存有問題、漏洞、局限性，因此其結論和推斷等，往往容易出錯或起誤導作用和效應。這是要大家注意的。

下面我就人類的生理活動對人類的行為是怎樣起作用的這一問題，簡要地論述一下，其所涉及的相互作用及關係等。這我也用一張圖表來予以顯示（見圖9.3）。

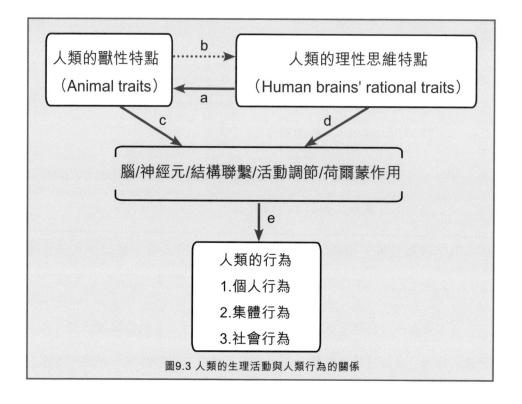

圖9.3 人類的生理活動與人類行為的關係

從圖9.3，我們可以看到，基本上人的行為，是受着兩種因素（或人腦的兩個不同部分（或部位）的活動）影響和控制的：1.人類的「獸性」部分；2.人類的理性思維部分。

人類的「獸性」部分，會導致人類產生各種非理性的行為；而人類的理性思維部分，則不但能引導人類產生各種理性的行為，同時還能抑制人類的各種非理性的行為［見圖9.3（a）所示］。但人類腦內所產生的各種非理性思維，在一般情況之下，不會太影響人類的各種理性的行為的表現的（the expression of rational behaviour）［見圖9.3（b）所示］［註：這是由於人腦的高度進化造成的效果。但有時候，人類腦內所產生的各種非理性思維，也可以佔上風去

衝擊人類理性的思維，而使人做出一些非理性的行為（例如，暴力、邪惡行為）。至於這兩部分腦的功能以及他們在腦內存在的位置（where they are located）等，我們還不清楚。但有一點，我們是清楚的，那就是他們都得通過複雜的，各種神經元和荷爾蒙的作用［見圖9.3（c,d）所示］，形成人類的各種行為，包括：個人行為；集體行為；社會行為［見圖9.3（e）所示］。但可惜我們對這些行為現象的具體形成機制，知的實在不多。有興趣的讀者，可參考羅佰·薩波斯基所做的頗詳細綜合分析（review）。[4]希望將來通過研究者對人腦的運作有更多更深入的了解（這方面也可參考一下克理克（Francis Crick）《驚人的假説》*The Astonishing Hypothesis*一書中的有關論述 [8]），並設計出更多更好的實驗，便可以逐步地解答我們人類所面對的有關難題。

II. 人類地區性（發展）命運共同體

中國在許多國際場合提出了許多有關，構建和發展地區性（或地域性）的人類命運共同體的建議，如構建：中非命運共同體；中國與中東歐國家命運共同體；上合組織命運共同體；東盟緊密命運共同體；亞洲命運共同體......　等。還有，範圍更廣的，海洋命運共同體，等......。但這一類地區性發展的人類命運共同體與人類社會發展命運共同體的不同之處，是它所涉及的區域更大，可以説，是人類社會發展命運共同體的延伸；而其伸展的幅度，譬如：可以寬闊到覆蓋「一帶一路」各國。但由於其擁有區域性發展的特質，故需要面對和照顧的問題，一般都會更複雜；但這並不會影響它達致構建人類命運共同體的目的。不過，在構建和發展地區性

的人類命運共同體時，則要更注意落實好各種調控和信任措施，包括：謀求達致共同、綜合、合作、可持續安全的共同目標；要尊重和維護文化多樣性；必須把地區的持久和平、發展繁榮、開放包容、促進創新、睦鄰和諧，放在更為重要的位置，從而達到地區之內，可以更方便的開放合作、共贏、共享、互聯、互通、互信、互助、互利，讓各國的人民能夠過上更好、更幸福、天下更太平的日子。

III. 人類功能性(發展)命運共同體

從功能的角度來看，這包括：網絡和人工智能命運共同體；全球治理命運共同體；網絡空間命運共同體［註：參考2019年10月20-22日，第六屆世界互聯網大會主題：「智能互聯　開放合作──携手共建網絡空間命運共同體」］……等。這一類人類功能性（發展）命運共同體，不受國家或區域的限制，涉及的範圍就更廣了，可以擴展至怎樣去重新建立全球秩序以及國際關係等。王岐山2019年7月8日，在出席第八屆世界和平論壇時就這樣主張過，他說：「中國主張推動構建新型國際關係和人類命運共同體，維護多邊主義基石，拓寬共同發展途經，促進文明互學互鑒，携手應對人類共同新挑戰。呼籲各國堅守和平發展的信念，毫不動搖地推進經濟全球化，共同構建更加公正合理、穩定有效的國際秩序。」

我認為，假如我們真的能做到建立「共商、共建、共擔、共治、共享，以及構建全方位互聯互通格局」；同時，又能有效夯實政治互信、相互支持、共同安全、和睦友好的局面；那麼構建人類功能性（發展）命運

共同體，所要達到的目的，也就容易和完全有可能。但這一功能性模式，暫時似乎還沒有人很具體地提出過，這裏是我首次提出。因為，我認為這是構建人類命運共同體，未來發展的必然趨勢和方向。譬如，現今正在全世界範圍，如火如荼地構建的5G覆蓋全球系統，中國的北斗衛星導航系統，也是人類功能性（發展）命運共同體的很好實例。

此外，我很高興見到2019年9月3日，中國宣布在2020年，中國將在中國昆明舉辦，《生物多樣性公約》第十五次締約方大會；因為這次大會，將順應世界綠色發展潮流，表達全世界人民共建共享地球生命共同體的願望和心聲，把保護生物多樣性，以及推進全球生態文明建設作為關注和討論的重點，並把大會主題定為：「生態文明：共建地球生命共同體」，從以達到《生物多樣性公約》提出的到2050年，**「實現生物多樣性可持續發展、利用、惠益、分享，實現人與自然和諧共生的美好願景」**[9]，完成構建人類功能性（發展）命運共同體的目標。〔註：這裏所提及的《生物多樣性公約》，在2050年實現生物多樣性可持續發展的「生態文明：共建地球生命共同體」，是一個很好的人類功能性（發展）命運共同體的具體例子〕。

(二) 小結

中國倡議構建人類命運共同體的目的，是清楚明確的，那就是希望人類都能平等、團結互信、安危共擔、互利共贏、包容互鑒、和平發展；維護世界多極化、經濟全球化、人文交流高度暢通化；維護貿易自由化；有更多的合作共享；為人類開拓更多高科技領域以及提供更多創新機會；維

護多邊主義，反對任何形式的單邊主義和保護主義行為等；中國還堅決反對美國經常試圖按自己的意願、標準、價值觀改造別的國家的做法，而是美國應學會用包容、平等、尊重別人的心態，以及構建人類命運共同體的思維方式，對待所有的國家。

為了盡快達到以上目的和實現以上的理想，我認為中國必須把社會和人的心理發展的短板先補上〔註：中國在民族團結方面的社會心理建設方面，所做的構建中國民族共同體的各種非常好和突出的工作，就是一個值得推崇的例子〕，並在構建人類功能性（發展）命運共同體方面多加努力，讓中國在引領構建各種人類命運共同體方面；在建立世界新的經濟秩序，新的經濟行為模式方面（economic behavioural model）（如；「一帶一路」模式）；在建立人類更文明的生態觀、文化觀、價值觀、世界觀、創新精神方面；在促使人類命運的進化，朝着更好的未來發展的方向邁進；做出更多的貢獻 。

2019年11月5日，習近平在第二屆中國國際進口博覽會開幕式上的主旨演講強調指出：「世界經濟發展面臨的難題，沒有哪一個國家能獨自解決。各國應該堅持人類優先的理念，而不應把一己之利凌駕於人類利益之上。」[10]《人民日報》韓維正為文指出，習近平提出「人類優先的理念」，無疑是「一條代表世界發展方向的光明大道」[11]。而我認為，「人類優先的理念」（human needs first）的提出，也同時為推動人類命運的進化，各種人類命運共同體的構建，指明了未來發展的方向和應循的路徑。

參考資料

(1)　候玉波編著，《社會心理學》，2019年，北京大學出版社，第3、4、5、7頁。

(2)　《社會心理學》，戴維‧邁爾斯著，候玉波等譯，2018年，第11版，人民郵電出版社，清華大學心理學系主任，彭凱平教授中譯版序言。

(3)　《社會與經濟》（*Society and Economy*），馬克‧格蘭諾維特著，王水雄、羅家德譯，2019年，中信出版集團。

(4)　《行為》（上、下）（*Behave：The Biology of Human at Our Best and Worst*），羅佰‧薩波斯基著，吳芠譯，2017年，八旗文化，2017年

(5)　M. Baddeley, *Behavioural Economics*, 2017, Oxford University Press。

(6)　王公龍等著，《構建人類命運共同體思想研究》，2019年，人民出版社，第57、65頁。

(7)　江宇著，《大國新路》，2019年，中信出版集團，前言21頁。

(8)　Francis Crick, *The Astonishing Hypothesis*（《驚人的假說》），汪雲九等譯，2018, 湖南科學技術出版社。

(9)　《人民日報》海外版，〈生物多樣性公約〉第十五次締約方大會主題發佈，2019年9月4日，02要聞。

(10)　習近平，2019年11月5日，在第二屆中國國際進口博覽會開幕式上的主旨演講，題為：〈開放合作 命運與共〉。《人民日報》海外版，2019年11月6日，要聞03。

(11)　韓維正，〈中國説出來的話都算數〉，《人民日報》海外版，2019年11月6日，要聞02。

作者介紹

徐是雄教授，香港永久居民；北京師範大學—香港浸會大學聯合國際學院（UIC）榮休教授；生物學家；曾任UIC副校長、香港大學教授，系主任及理學院副院長；學術和研究成就昭著。擔任過中國多所大學的客座教授和研究院的客座研究員。2003年獲香港特別行政區政府頒發銀紫荊星章。曾任香港《基本法》諮詢委員會委員、港事顧問、香港特別行政區籌備委員會委員、香港特別行政區第一屆政府推選委員會委員。香港區第七、八屆全國人大代表，第九、十、十一屆全國政協委員，香港臨時市政局議員，香港南區區議員，珠海市榮譽市民。

人類命運的演進印跡和路程（修訂版）

編著　　：徐是雄

編輯　　：黃文傑、凌嘉偉

設計　　：andConcept Design

圖片　　：Shutterstock

出版　　：灼見名家傳媒有限公司

　　　　　香港黃竹坑道21號環匯廣場10樓1002室

電話　　：2818 3011

傳真　　：2818 3022

電郵　　：contact@master-insight.com

網址　　：www.master-insight.com

FB專頁　：http：//www.facebook.com/masterinsight.com

發行　　：香港聯合書刊物流有限公司

　　　　　荃灣德士古道220-248號荃灣工業中心16樓

印刷　　：利高印刷有限公司

　　　　　香港葵涌大連排道192-200號偉倫中心二期11樓

出版日期：2020年6月

定價　　：港幣 $80

國際書號：ISBN：978-988-13910-9-4

圖書分類：文化